JN087137

GREEN SLOW MOBILITY

グリーンスロー モビリティ

小さな低速電動車が公共交通と地域を変える

三重野真代　交通エコロジー・モビリティ財団　編著

学芸出版社

写真でわかる！　グリーンスローモビリティ

Ⅰ．グリスロデザイン集

（１）車両デザイン

鞆鉄道㈱の路線バスと同じ色のグリスロバス
（福山市）

「潮待ちグリスロタクシー」で鞆観光（福山市）

日立社製作グリスロ「スマイル号」は市バスと
同じあずき色で統一感を演出（備前市）

屋根の広告塔が目印の「リホープ」（松江市）

市カラーの赤と瀬戸内レモン色の２台体制
（尾道市）

ヤマハ社製作の「ワーモ」は前面にロゴデザイン
（輪島市）

モビリティワークス社製作の紅白グリスロ
（町田市）

屋根下のれんとシートに可愛らしいデザインが
施された「とみおかーと」（横浜市）

黄緑色の「クルクル」（河内長野市）

竹かごのデザインのシールを車体に貼った
「籠モビ」（竹田市）

沖縄ヤマハ社製作の7人乗りのワイン色の
グリスロ（うるま市）

クラブカー社が製作したグリスロ
（延岡市）

「EMU」は３色展開（黒部市）

気品溢れる青色のグリスロバス（沼津市）

「IKEBUS」はロンドンバスのような池袋レッド
９台と幸せの黄色１台（豊島区）

歌舞伎風デザインの「コトコト感幸バス」
（琴平町）

「ぐるっぴー」はマンゴーオレンジと日向夏色の
２色展開（宮崎市）

真っ白な Boule BaaS（ブールバース）、愛称は
「BB（ビービー）」（富山市）

タイヤもハワイアンデザインの
「トイボ (toybox)」（いわき市）

乗る＋歩く＝「nolc（ノルク）」（由布市）

（2）ユニフォームデザイン

背中に「グリーンスローモビリティ」と
「ことぶき会」の文字（松戸市）

胸元にリホープの名前とカートの絵で描かれた
ロゴ（松江市）

背中にはキャラクターのカメと名前の
「クルクル」（河内長野市）

背中に英語で「グリーンスローモビリティ」
（尾道市）

（3）チラシデザイン

シンプルでかわいらしいチラシ（沼津市）

団地のお年寄りにも使い方をわかりやすく
可愛らしく解説したチラシ（東員町）

（4）車内デザイン、インフラデザイン

水戸岡鋭治氏デザインの IKEBUS 車内（豊島区）

トイボの車内はハワイアン＆キュート
（いわき市）

尾道駅前のグリスロ専用停車スペース（尾道市）

グリスロ走行路を示す掲示旗（尾道市）

ハワイアンデザインのトイボのバス停
（いわき市）

町の電柱2本に1本がクルクルの駅
（河内長野市）

IKEBUSのマスコット「イケちゃん」が止まる
IKEBUSのバス停（豊島区）

実証調査中のおしゃれデザインのグリスロバス停
（宮崎市）

世界遺産の雰囲気にも合う銀山グリスロ
バス停（大田市）

木製でおしゃれなnolcバス停（由布市）

２．グリスロ運行の細かいところをお見せします

歌舞伎風の座布団がベンチシートに（琴平町）

お買い物の荷物が落ちないように網で保護
（松戸市）

車椅子を後ろに載せることもできます（尾道市）

屋根下には「持ち手」をつけることもできます
（町田市）

車椅子でも乗ることができます（豊島区）

バッテリーの交換（いわき市）

料金箱も車体デザインとお揃いです（沼津市）

乗り口でバス代金を支払います（豊島区）

キャッシュレスも OK です（尾道市）

タクシーメーターも乗務員証も完備（福山市）

シンプルな運賃箱（いわき市）

サポーター企業名を車内に掲示しています
（豊島区）

暑さ対策で座席に扇風機を設置（福山市）

暑さ対策で車内ミストを設置（沼津市）

暑さ対策でうちわを配布（いわき市）

コロナ対策のマスク着用のお知らせ（由布市）

手づくりのフロントバイザーで換気＆雨除け対策
（大田市）

コロナ対策で座席間に飛沫シートを設置
（河内長野市）

寒い時のひざ掛けブランケットを準備（由布市）

グリスロユーザーたちからのコメントボード
（日立市）

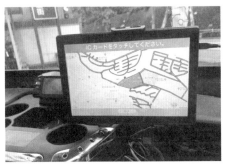

GPS で走行場所を表示。グリスロで走行可能な
道路は青色（町田市）

グリスロ運行管理センターでドライバーと
連絡を取ります（松江市）

グリスロの講習会場案内板（日立市）

グリスロはトラックで運ばれます
（天草市）

グリスロでの渓谷散策は気持ちいいな
（庄原市）

観光客の回遊性を高めますよ（日光市）

大原の落ち着いた風景の中で（京都市）

復興の街で走ります。ゆめちゃんも応援して
います（陸前高田市）

BRT 化される日田彦山線の２次交通として
グリスロの活用を実証しました（日田市）

信濃川のゆったりとした流れの横を走るグリスロ
（新潟県）

伊根町舟屋地区の細い路地もす〜いすい
（京都府）

奥入瀬渓流を走るグリスロ。マイカー規制のエリアにグリスロはどうですか（青森県）

門司の赤煉瓦の街並みと（北九州市）

モノレールの下を走るグリスロ（千葉市）

みかん畑を見ながら（松山市）

宿場町の街並み散策にもどうですか（矢掛町）

4．グリスロのある風景

グリスロからの桜はよく見えます（琴平町）

外の風が気持ちいいよ〜（沼津市）

柔らかい春の瀬戸内海をのぞむ（尾道市）

マラソンの伴走車として活躍するグリスロ
（黒部市）

緑の中を「ぎんざんカート」で走るのは楽しいな
（大田市）

福山城にはグリタクで登りませんか（福山市）

トイボの衣替えは職員みんなで（いわき市）

夏の日のグリスロデート（姫島村）

上陸！待ちに待ったグリスロちゃん（笠岡市）

下校中の子どもたちも手を振ってくれます
（松戸市）

ヤシの木と入道雲と海とレモングリスロ
（尾道市）

グリスロで快適な松江城散策（松江市）

色づく池袋の街とイケバス（豊島区）

街はすっかり秋色（大田市）

秋の香りがする中を走ります（備前市）

実証にむけて夜遅くまで準備をしました
（沼津市）

イベントのパークアンドライドに活躍（松江市）

新しい駅ビル「アミュプラザみやざき」の横を
走るぐるっぴー（宮崎市）

nolc と由布岳！素敵なツーショット（由布市）

夕暮れの街を走るグリスロ（宮崎市）

サンタが MAYU でやってくる（桐生市）

グリスロドライバーサンタさん（いわき市）

初日の出とグリスロ（姫島村）

雪の日もグリスロでお出かけ（大田市）

グリスロがきたぞー！おーい！（松戸市）

仲良しご近所さんでお買い物は楽しいわ
（備前市）

少し肌寒い日も安心です（横浜市）

お父さん、グリスロでお帰りね（町田市）

関係者と調整をしたので、商店街の中も走れます
（尾道市）

リホープも着飾ってお祭りに参加よ（松江市）

対面だとコミュニケーションが弾みます
（いわき市）

大都会の夜も走ります（豊島区）

グリスロからバスへ…お乗り換え（延岡市）

宇奈月モーツアルト音楽祭のヘッドマークをつけて走る EMU（黒部市）

富士山を背にするグリスロ（沼津市）

金毘羅さんの坂もすーいすい（琴平町）

坂道をゆっくりくだります（明石市）

南国の雰囲気にもぴったり（宮崎市）

地域の皆様の足になりたいな（四街道市）

次のお客さんが乗車しますよ（朝来市）

あ！　グリスロ３兄弟（広島市）

子どもたちの絵をつけた MAYU（桐生市）

※（　　）内は実施主体の自治体名です。

5. グリスロドライバースナップ

東京都豊島区
WILLER EXPRESS ㈱　池袋営業所
加藤　聖

グリーンスローモビリティで最も魅力を感じる部分は「ゆったりとした時間の流れ」です。
街の中心が一つの大きなテーマパークとなり、普段はすぐに通り過ぎる景色や季節の移ろいを五感で感じられるはずです。新しい時間の流れ方を満喫してもらいたいですね。

静岡県沼津市
伊豆箱根バス㈱

弊社が運行しております路線バス車両とは異なるところが多く、最初は戸惑いもございましたが、乗車中にゆったりと流れる外の景色や車内を興味深く眺めて、お客さまが楽しんでいる姿をお見かけするたびに、嬉しく感じております。

広島県尾道市
備三タクシー㈱
宮本　登

尾道駅から浄土寺までの往復、約20分間を運行中。古いものを大切にしながら進化する尾道の町並みをゆっくり走っています。

穏やかな海と空気に包まれて、尾道をプチ観光。町歩きをする前にお店や周辺を事前チェックするのにおすすめです。

東京都町田市　大嶌正幸 (後列右から二番目)

「足が悪くて外に出ていけないので、本当に助かっています」との70歳代の女性の言葉で、私はこのカートを運転する仕事をやって本当に良かったと思っています。私がこのカートの運転を始めたのは、昨年まで11年間やっていた老人ホームの送迎運転を退職してから何もすることがなく毎日が退屈で何かやることがないかと考え、地域の研修で紹介してもらったのがこの仕事でした。現在3人の方の送迎を担当していますが、人助けになり、また皆さんの感謝の言葉に、今生きがいを感じています。

島根県松江市
社会福祉法人みずうみ　岩本千代

おもてなしの心で移動支援＋αのサービスを提供するスタッフ、「いつもありがとう」と感謝の気持ちを伝えて下さるご利用者様、そして支援者の皆様…。

たくさんの愛と笑顔に支えられて、リ・ホープを運行できることに幸せを感じています。

島根県大田市
レンタサイクル河村　岩根尚也

電気エネルギーで静かに走行が可能なので、自然いっぱいの石見銀山を、四季を感じながら歴史情緒を堪能し楽しんでいただきたいです。

観光のお客様だけでなく、町内の方々も気軽に利用できる地域に根差し地域と共にある存在になってほしいです。

はじめに

　この本は、「グリーンスローモビリティ」についての本です。「グリスロ」と略されるこのグリーンスローモビリティは、「時速20km未満で、公道を走ることができる4人乗り以上の電動パブリックモビリティ」と定義されて始まりました。この本では、グリスロに興味はあるもののどういうものかわからない―といった疑問に答えるために、グリスロを創った考え方や始まった経緯、日本国内の先進的に取り組んでいる事例や社会的背景をまとめている本です。

　第1部では、グリスロの定義や特徴から、グリスロ車両のカート型とバス型を作るきっかけとなった石川県輪島市や群馬県桐生市での話、さらに国土交通省（以下、国交省）が政策としてグリスロを取り上げた経緯を説明しています。

　第2部では、実際にグリスロに先進的に取り組んでいる地域の事例として、15地域をそれぞれ奮闘記や首長インタビュー、対談・座談など様々な形で紹介しています。また、グリスロについてよくある質問をまとめたＱ＆Ａやグリスロの魅力を直接感じるために写真が多く掲載されています。第2部をご覧いただければ、グリスロが走ることで、地域の皆さんが笑顔になり、グリスロが愛される理由をご理解いただけると思います。

　最後に、第3部ではグリスロが拓く新時代というテーマで、グリスロがこれからの時代、日本社会にどう必要なものなのかに言及しています。そのほかこの本では、随所にコラムを掲載しました。本文中では書ききれなかったエピソードやグリスロに関連する論文や調査を紹介しています。

　この本の副題は、「小さな低速電動車（グリスロ）が公共交通と地域を変える」です。日本初の小さな低速交通であるグリスロが、どういうモビリティであるのか、どのように地域を変えられるのか、どうすれば変える力を発揮できるのか。この本でグリスロの基本的な理解をいただくとともに、ご自身の地域での検討に向けたアイデアやヒントとしてご活用いただき、地域をより良いものにしていただけましたら幸いです。

目 次

第1部

グリーンスローモビリティとは何か

紅葉の季節を走るグリスロ（黒部市）

第1章　3つの顔を持つグリーンスローモビリティ

東京大学公共政策大学院
交通・観光政策研究ユニット　特任准教授　**三重野真代**

1 グリーンスローモビリティの定義

　グリーンスローモビリティは、「時速20 km未満で、公道を走ることができる4人乗り以上の電動パブリックモビリティ」という定義で2018年に始まりました。* 日本語に直訳すると「電動低速車両」でしょうか。具体的な車両の例としては、写真にあるようなゴルフカートのようなカート型と、小さなバスのようなバス型などがあります。

　グリーンスローモビリティの略称は「グリスロ」です。「GSM」と略す方もいらっしゃいますが、日本人にリズムとしてなじみのある四文字の「グリスロ」を略称としていますので、皆さんも「グリスロ」と呼んでいただけるとありがたいです。

　グリーンスローモビリティはこれまでの車両と何が違うのでしょうか。ま

図1　カート型のグリーンスローモビリティ

図2　バス型のグリーンスローモビリティ

ず、これまでの乗用車とは違って、「低速であること」です。これは、日本では人を運ぶことができる運送車両の安全基準は「道路運送車両法」によって定められていますが、この法令の中で時速 20 km 未満の車両は規制が一部緩和できるため、例えば窓やドアがなくても公道を走行できるなど、通常の車両と違う見た目でも公道走行が認められています。バス型は乗客が対面で座ることができますが、これも低速でのみ特別に規制が緩和できるものになります。遅いからこそ、特別に認められているモビリティとしての特殊な車両の構造こそが、グリスロ特有の様々な効果を生み出す源泉になっています。

　次に、これまでのゴルフ場のカートと違って「公道を走ること」ができます。これは非常に重要なことです。例えばこれまでも遊園地には汽車の形をした乗り物がありましたし、ホテルの敷地内やゴルフ場ではゴルフカートが使われていました。ですが、これらの乗り物は私有地だから走ることができたのであって、公道を走ることは認められていません。先ほど説明した道路運送車両法などの法令基準を満たし、国の審査に合格した車両のみがナンバープレートを取得して公道を走ることができるのです。ですので、一見ゴルフカートに見えるカート型のグリスロも、法令基準を満たすべくゴルフカートから様々な細かい改良を行っておりますから、ゴルフ場を走っているゴルフカートがそのまま公道を走行できるわけではない点には注意が必要です。

　最後に、超小型モビリティや電動バイクと違ってグリスロは「4 人乗り以上」として始めました。超小型モビリティは 1 ～ 2 人乗りの電動モビリティで、電動バイクは 1 人乗りの電動モビリティです。超小型モビリティや電動バイクが自分で自分のために運転する「プライベートモビリティ」であることと違って、グリスロは 4 人以上の複数の人が乗り合える「乗り合い交通」としてバスやタクシー、自家用有償旅客運送などの道路運送法の有償事業の車両、「パブリックモビリティ」として活用できるということを目指しています。自治体の予算や住民の善意だけで地域交通を維持することは難しい現実がありますから、様々な手法を取り込んで運営できるようにするため、法令上運賃を取ることが認められる車両をグリスロとしました。また、

現時点ではグリスロはプライベートモビリティとして個人所有することは想定されていません。なお、新しい定義では、この人数要件はなくなっています。

2 グリスロの5つの特長

　「低速公共交通」とも言えるグリスロにはどんな特長があるのでしょうか。グリスロの5つの特長を英語で説明しています。Green, Slow, Safety, Small, Open です。

　1つ目の特長は Green、環境に優しいものです。グリスロは、電池を搭載し電力で動くモビリティになります。電動モビリティがガソリン車と違う点は、二酸化炭素を出さないため、地球環境に優しいことです。従来から我が国はパリ協定を踏まえた脱炭素社会を目指しており、菅政権ではグリーン社会が大きく打ち出されたように、地域で電動モビリティの活用が進むことは重要です。さらに、電動モビリティは空気を汚しませんから、山間地や自然景勝地等の環境の美しさを守りたい場所での走行にも向いています。

　電動モビリティには2つのメリットがあります。1つは、静かで匂いがないことです。音もなく臭いもないので、住宅街を走っても騒音になったり洗濯物に匂いがついたりという問題を引き起こしません。同時に、とても静かなので、他の電気自動車と同様に歩行者に気がつかれにくいという課題もあります（対策として音楽を流しながら走るグリスロもあります）。2つ目はガソリンスタンドのない地域でも導入しやすいことです。ガソリンスタンドが撤退した地域や、第4章の姫島村や笠岡諸島のようなガソリン価格が高い離島でも使いやすいので活躍できます。自然エネルギー由来の発電が地域にあれば、第4章で出てくる宇奈月温泉のように、持続可能なエネルギーを使ってグリスロを動かす地域循環型社会を作ることもできます。

　2点目の特徴は Slow、ゆっくりです。グリスロは時速20km未満でスピードリミッターがついているのでそれ以上の速度は出ません。時速20kmがどういう速度かと言いますと、ざっくりマラソン選手のスピードです。乗

用車に比べるともちろん遅いですが、歩くよりは早いですね。遠くに移動するには不便なスピードですが、近距離の移動であればこの程度のスピードで十分と考えられます。また、低速のため乗っている方の身体的負担が少ないというメリットもあります。

　3点目の特徴はSafe、安全であることです。カート型のグリスロは、ドアがないため側面衝突に弱いという課題はありますが、自損事故では時速20 km 未満になると死亡事故の確率が低くなるという研究結果もあり、比較的高齢のドライバーでも運転がしやすいと考えられます。さらに、電動モビリティの方がガソリン車より構造も簡単なので高齢者でも運転がしやすいです。自家用有償旅客運送で地域の人が地域の人を運ぶ仕組みを作る場合、地域の高齢者がドライバーを担うケースがありますが、そういう場合はグリスロが向いていると言えます。周りの歩行者にとっても安全です。歩行者にとっても乗用車よりグリスロの方が、心理的に安心に感じるという研究結果が出ています（コラム4参照）。

　4点目の特徴はSmall、小さいことです。特にカート型は横幅が軽自動車よりも小さいので（第5章参照）、これまでタクシーやバスが入りづらかった道で活躍できます。鞆の浦のような古い区画のエリア、笠岡諸島のような離島などの車福が狭い道ばかりの地区では、唯一の乗合モビリティとして機能できるでしょう。移動距離も小さいため、小さな移動サービスの交通手段に向いています。低床のため、高齢者の人が乗り降りしやすいというメリットもあります。さらに、小さいことから車内が狭いため人と人の距離が近く、車内の人と話してしまいやすい環境になります（コラム6参照）。

　最後の特長はOpen、開放的であることです。今後色々なタイプのグリスロが出てきた時にオープンでないものも出てくるかもしれませんが、カート型もバス型も窓がなくオープンな乗り物であるため、風や匂い、音を感じながら走ることができ、乗っていて楽しい点は他の車両にはないグリスロならではのメリットです。

　ここで、オープンなのはいいけれど天気や気温が心配になる方は多いでしょうね。寒い日や雨が降った日のグリスロは透明のシートをおろします。シ

図3　馬車とグリスロ（由布市）

ートはチャックで足元まで閉じるので雨や風は入って来ません。開閉は少々面倒くさいですが、外を歩いたり自転車やバイクで移動するよりは車内は快適になります。寒い日は毛布やひざ掛けを使っている地域も多いです（11頁参照）。大雪や吹雪だと走行できない日もありますが、道路が除雪されていれば走行できるため、輪島市や大田市では雪の日も含めてほぼ毎日走行しています。乗客の乗車時間は10分や20分程度の短時間が多いので耐えられますが、運転手は1日乗っているため完全防寒の格好で運転されるなど工夫が必要になります（172頁参照）。

　暑い日は屋根があるため日陰になり、動くと風があってそこまで暑く感じませんが、止まっていると暑くなるので、車内に団扇や扇子を準備している地域もあります。沼津市のグリスロは車内にミストが出ます（10頁参照）。

　いずれにしても乗用車のような快適さはないので不便と感じる方もいらっしゃるでしょうが、グリスロは一種の「現代の馬車」ですから、乗用車とは全く違うという割り切りは必要です。ただ、乗用車から失われた機能があるからこそ、乗用車とは違う新しい機能を持ち、グリスロでしか作れない世界が開けてくるのもまた事実です。

3 グリスロの顔①
公共交通ネットワークを補完する「小さな交通」

　グリスロを政策的にとらえると、3つの顔がありますので、これから1つずつ紹介します。

　まず1つ目の顔ですが、グリスロは公共交通ネットワークを補完する「小さな交通」になれます。事業ドライバーの高齢化が進み公共交通が縮小する

一方で、高齢者の免許返納が促進されており、地域の足の確保は日本社会全体の大きな課題です。この課題を克服するためには「公共交通ネットワーク」を整え、充実させることが重要です。皆さんは公共交通というと何を思い浮かべますか。多くの方は電車とバスではないかと思います。電車は「何百人もの人を」「高速で」「とても遠くまで運ぶ」点が特徴ではないかと思います。私は大学で自分が住んでいる県と違う県の高校に通っていた友人に初めて会った時に大変驚きましたが、これは県すら超える中長距離移動を毎日可能にする電車という公共交通があるからですね。次にバスです。バスは多くが路線バスで、自分の家の近くから駅や学校への通勤・通学や病院への通院で使うなど主に基礎自治体内の移動ではないかと思います。バスは「数十人の人を」「普通の速さで」「少し遠くまで運ぶ」ものだと思います。また、タクシーは基本的には「1つのグループを」「普通の速さで」「目的地まで直線で運ぶ」ものだと思います。

　グリスロは、何がこれら既存の公共交通やタクシーと違うのでしょうか。まずは速さです。グリスロは時速20km未満ですがこんなに遅い公共交通はこれまでありませんでした。次に定員です。カート型のグリスロの定員は数名で、バス型も10名程度です（一部定員を増やしている事業化車両もあります）。コミュニティバスよりさらに乗車定員が少ないです。そして移動距離です。グリスロはどんなにアクセルを踏み込んでも10km移動するにも最速で30分かかりますから、移動距離も短くなります。まとめると、グリスロは「数人程度を」「ゆっくりと」「近くまで運ぶ」ことができる公共交通になります。これは今までのバスや電車、タクシーにはなかった特徴で、ちょうどすっぽり開いていた席にグリスロが座ったわけです。

　さて、こんなに遅い乗り物が公共交通として何の役に立つのか疑問に感じますよね。低速公共交通であるグリスロが、地域交通において担う役割は大きく2つあります。1つは、公共交通ネットワークの毛細血管部分、ラスト/ファーストワンマイルの役割を担うことができることです。高齢者の免許返納やMaaS（Mobility as a Service：トリップごとに複数の公共交通や移動サービスを最適に組み合わせて検索・予約・決済等を一括で行うサービス）の進展により、昨

今の公共交通は家から目的地まで多様なモビリティを乗り換えながら一気通貫に移動できることが求められています。バス停から先の「バス停から家まで」の毛細血管ともいえる最も「小さな移動」は、定員数が少なく車両の小さなグリスロに向いていると言えます。加えて、二種免許ドライバー不足により公共交通の維持が難しくなっている中、グリスロは低速のため一種免許の人も運転しやすく、地域の人が運営しやすいモビリティという特徴があります。例えば、岡山県備前市や千葉県松戸市では地域のお父さんがラストワンマイルのグリスロドライバーとして活躍されましたし、島根県松江市では社会福祉法人に勤務する女性や障害者手帳を持っている職員も運転手として活躍されています。二種免許ドライバー不足によりサービスが提供できない路線では、このような地域の人がドライバーとなって、地域内移動を担うことができるのです。このようにグリスロが、ネットワーク末端の乗客数の少ない道の「小さな公共交通」を担うことで、公共交通ネットワークを補完し、全体としての目的地までの円滑な移動を確保することができるようになります。

　もう1つの役割は「楽しい公共交通」として、公共交通の新たな需要を喚起できるという点にあります。詳細は第6章で触れていますが、グリスロはゆっくりでオープンなため、目的地に到達するための乗り物というよりは、「とにかくその乗り物に乗ってみたい」という、乗ることが目的となり得る乗り物です。これは「乗っていることが楽しい移動」つまり「周遊」にグリスロが向いているということです。実際に、大分県姫島村の離島の周遊など「一周すること自体が楽しかった」と言ってもらえるモビリティとしても使われています。図4はヨーロッパなどの海外の観光

図4　フランスニースのプチトラン

地で走っているプチトランです。これは遊園地で走っている汽車風の乗り物そのものですが、このようにオープンで楽しく不特定多数の人が乗り合う乗り物は海外ではよくありましたが、日本ではありませんでした。私は、イギリス留学当時、このプチトランが大好きでヨーロッパ各都市に行ってはプチトランに乗り「こんな楽しい乗り物が日本にあればなあ」と思っていました。グリスロは日本で「乗って楽しい公共交通」という新しいジャンルを開く可能性を持っています。このため、グリスロを導入した地域では新たな公共交通需要を創出したという声が報告されていますが、これは当該路線に移動目的地がない人でも乗ったという本源的需要の利用者がいたからではないかと思います。

　グリスロは、短い距離の移動や周遊に適しているという点で「小さい交通」といえます。「大きい交通」と「小さい交通」を組み合わせることで、公共交通ネットワークが構築され、地域の様々な公共交通の課題にしなやかに対応できるのではと思います。また、「"楽しい"公共交通」として地域に新しい交通需要や交通サービスを創出できる可能性を持っているとも言えるでしょう。

4 グリスロの顔②
モビリティというよりコミュニケーション装置

　ある日、視察に訪れた町内会の方が私の顔を見るなり言いました。
　「あなた、これは乗り物というよりコミュニケーションツールですよ。地域の絆の強化にとてもいい」
　これはグリスロを入れた多くの地域の方が共通して言われることで、運営側の人も実際に日々グリスロに乗られる住民の方やドライバーの方からも自然とこの言葉が出てきます。難しい話を聞かなくとも肌感覚的に「これはコミュニケーションが弾む乗り物じゃないか」とわかるということです。
　「コミュニケーションツール」とはどういうことか具体的に言いますと、「一緒に乗った人と自然と話をしてしまう」ということです。私たちは通常、バスや電車に乗っても隣の席の人と話はしませんが、グリスロだと隣の席の

人と自然と話をしてしまいたくなるのです。これは一つには人と人の物理的距離が近く話をしてしまう距離感になっていることがあります（コラム6参照）。もう一つは、このオープンな車両で風を浴びたり匂いを感じたりすると自然と「気持ちいい」とか「いい風ですね」という声が出て、そこからおしゃべりが始まりやすいという点もあるのではないかと思います。また、何より体と心が素直に「楽しい」と感じて、五感が豊かになり、開放的な気持ちにもなるので、通常より優しいおしゃべりになるのもグリスロでのコミュニケーションの特徴のようにも感じます。

　先ほどのコメントは住宅団地の方で「近所の人との会話がなく知らない人同士が多く困っていたが、グリスロがあればお互い話すことができて、顔見知りになり、地域の絆の強化につながり防災の観点からも非常にいい」というお話をいただきました。コミュニケーションツールであることが防災の観点からもいいという評価です。さらに高齢者福祉の観点からも、グリスロのコミュニケーションツールとしての効果に評価の声が出ています。例えば、グリスロだと高齢者の方が積極的に外出するようになった、今まで近所と全く話をせずに閉じこもっていたおばあちゃんが自分から話すようになった、などです。驚くべき効果です。グリスロのバス型の商品名は「eCOM」といいますが、この「COM」はコミュニケーションやコミュニティの英語の頭3文字の「COM」で、コミュニケーションを生み出すモビリティ、車内がコミュニティになるというコンセプトで開発されています。まさに、おしゃべり・元気増進モビリティとして、製作段階から意図されていたということがわかります（第2章参照）。

　グリスロのコミュニケーションは車内だけではなく車外とも弾みます。下校中の小学生がグリスロに手を振ってくれるなど、車から知り合いが見えれば「おーい」とあいさつをすることもできますし、運転手さんが止めてくれればそのまま道端の知り合いと「立ち話」ならぬ「グリスロ止め話」ができます。グリスロを走らせた多く地域で、歩行者がグリスロに手を振るなど車内の人と車外の人がコミュニケーションをとっている事例が報告されています。乗り物の中の人と外の人が笑顔で挨拶できることは、現代の私たちの生

活では見かけなくなってしまいましたが、人間の根源的な感覚としてはとても楽しいものだと思います。

　コミュニケーションツールである良さを一番実感されている方の一人は、各地のグリスロドライバーさんです。グリスロドライバーになりたくて二種免許を取りましたという方、グリスロが運転したくて転職された方、「退職したらグリスロドライバーをしたい」と語る現役のバス運転手やタクシー運転手の方、グリスロドライバーに立候補される女性の方、「グリスロドライバーをやってみたい」という地域のお父さん方も。

　なぜこんなに多くの方がグリスロドライバーになりたいと思われるのでしょうか。それは、グリスロの車両自体は普通の車より簡易ですので運転は物足りない面はありつつも、それ以上に、狭い車内、短い時間であっても、ドライバーさんもお客さんもつい話してしまう楽しさがあるからです。そしてゆっくりだからこそお互いを、周りを、思いやれる優しい空間が広がっているからだと思います。そして、忘れてはいけないことは笑顔の「ありがとう」です。地域のドライバーさんのお話をお聞きしていると、「感謝」と「笑顔」という人の生きる原動力をグリスロは生み出すことができるのではないかと思えてきます。コミュニケーションは、人間に健やかに生きる活力を与えるもので、グリスロはコミュニケーションを生み出すことができる「コミュニケーション装置」とも言えるのではないでしょうか。

　第2章でご紹介する輪島商工会議所の里谷前会頭が「以前は町をグリスロの自動運転で走らせるのがいいと思っていた。ところが高齢者ドライバーにお願いするようになってから考えが変わった。ドライバーの方が生き生きしている。高齢者の生きがいになる。雇用の場づくりになる、町がにぎやかになる。ドライバーのいるグリスロが走ることこそがまちの価値を作ってくれる」と話されていました。コミュニケーション装置であるグリスロだからこそ、乗る人も関わる人も一人ずつを優しく明るい気持ちにさせて、その積み重ねとして、グリスロだから作れる地域の姿、世界観があるのではと思っています。

5 グリスロの顔③
日本の低速交通のパイオニア

　最後の３つ目のグリスロの顔ですが「低速交通のパイオニア」です。これは「低速交通が普及していない日本社会で、公道で一般交通と混合して走る初めての低速交通モビリティ」という意味です。グリスロが時速 20 km 未満しか出ないという説明をすると多くの方が「こんなに遅いものが公道を走って大丈夫なのか」と驚かれるため、いつも低速交通の意義やどういう道路での走行を想定しているか説明する必要があります。あるシンポジウムでも同様に説明をしたところ、海外在住の日本人パネリストから「日本ではわざわざ低速の意義を説明していることが違和感でした。海外では低速は普通のことですよ」とご指摘いただいたことは強い印象として残っています。「海外では低速交通が普通のことです」とはどういうことでしょうか。これは、ヨーロッパでは「ゾーン 20」や「ゾーン 30」など低速走行を指定しているエリアが多いということです（ゾーン 20 やゾーン 30 とは、当該エリアの中では時速 20 km 以下または時速 30 km 以下で走行しなければならないという速度規制エリアになります）。日本でもゾーン 30 は住宅地などの生活道路で指定されている場合がありますが、ヨーロッパではまちの中心部が細かくゾーン 20 やゾーン 30 に指定されている都市が多くあるそうです。

　ヨーロッパではなぜこのような低速の速度規制を設定するのでしょうか。それは「まちの中心部は車より歩く人が優先されるエリアをつくる」という意識が強いからではないかと思われます。スイスのある都市において一定のエリア内で車のスピードを時速 40 km、時速 30 km、時速 20 km で走らせた場合の歩行者との関係性を調べるという実験を行った話を聞きました。この実験では、時速 40 km の車の場合は車が人より優先し、時速 30 km の場合は車と人は同程度で、時速 20 km の場合は車より人が優先された結果が出たそうです。つまり、時速 20 km にすると自然と車が人を優先するようになるため、車が人に道を譲ったり、人が車を気にせずに道路を歩いたり横断することができる「自然と歩く人が優先されるエリア」となるわけです。

これが低速の意義だと思います。道路や公共空間において「人にやさしい
まち」をつくるためには、実は「速度」が極めて重要な要素なのです。とこ
ろが「速度」に対する意識は日本社会ではまだ希薄です。日本人の私たちに
は「速いことはいいことだ」という意識がなんとなくあるように思います。
「速いことはいいことだ」のような重厚長大の価値観が優先されて日本経済
を大きく発展させた時代がありましたが、今やこの価値観は転換期を曲がり、
現在ではゆっくりを楽しむ、手間を楽しむ、過程を楽しむという価値観を選
択されている方も増えてきているのではないでしょうか。ですが、これはま
だ個人のレベルであって社会の価値観として確立はできていないのではと思
います。社会として「ゆっくり」が優先される公共空間がまだあまりないと
思います。ただ、これを作ろうとする動きは出てきています。姫路市では日
本で初めての恒久トランジットモールができたり、京都市では車道を一車線
歩道に転換し、広い歩行空間を確保しました。「歩いて楽しいまちづくり」
や、「人にやさしいまちづくり」という概念は中心市街地のまちづくりでは
主流になりつつあります。グリスロは「歩行空間」ではなく「道路空間」に
おいて、歩く人を優先できるものであるという点において、日本社会の新た
な交通文化、道路文化を切り開く可能性を持っていると思います。

　日本社会が低速化を受け入れることは時代の要請と言っても過言ではあり
ません。1つは、日本でも姫路市のように中心市街地において自家用車を入
れないトランジットモール空間が増えていくであろうこと。この空間で走行
が認められる「歩行者と共存でき
るモビリティ」とは低速モビリテ
ィでしょうし、その代表選手にグ
リスロが入ってくることは間違
いありません。

　もう1つは自動運転です。二
種免許ドライバーの人材不足に
伴い、バスやタクシーの自動運転
化も日本社会の大きな流れとな

図5　自動運転中のグリスロ（大分市）

っています。グリスロは、車両としては自動運転機能を付加して自動運転車両としても活用できます。カート型は輪島市等で自動運転の実験を行っていますし、バス型も大分市等で自動運転の実証実験が行われました。

　本書で皆さんにお伝えするグリスロは「自動運転の車両」としてのグリスロではありません。グリスロドライバーは運転すること自体に生きがいを感じてくれていますし、一種免許の人がドライバーになりやすいので、自動運転以外の二種免許ドライバー人材不足の新たな解決策になれると思っています。ドライバーがいることによってグリスロのよい面が引き出され様々な地域課題が同時解決される面も大いにあります。ですので、本書ではグリスロによる自動運転について言及はしません。しかしながら、グリスロは自動運転車両としても最適な車両の一つでしょうし、自動運転には自動運転としての時代の必然性や良さがあるのも事実です。本書が主張するドライバーがいる形であっても、グリスロが低速交通の道路での地位を確立できれば、ひいては自動運転の普及にも貢献できる部分もあるのではと考えています。

　グリスロが導入される地域の多くで「時速19kmの走行車両が他の交通に与える影響」が調査されています。渋滞を引き起こさないか、事故を起こさないか、他の車両からあおられないか等です。この実験結果としては、どの地域でも「問題がなかった」という結果が出ています。ただ、その前に地域はグリスロをどの道で走らせるか十分に考えています。例えば、バイパスや基幹国道のような時速60kmや時速40kmで交通が流れている道では、グリスロの走行は当然難しいでしょう。このため、「グリスロは田舎でしか使えないのでは」という質問は大変多く聞きます。地方部の集落や住宅団地などの生活道路でのグリスロは問題ないだろうが、街中は無理だろうという趣旨だと思いますが、実際は大都会池袋や沼津市、宮崎市の駅前の中心市街地などでも走っています。これは中心市街地では信号が多く、車線数も多いので、走行速度が時速20km未満でも走りやすいからです。

　地方部のすれ違いが難しいような狭い生活道路ではグリスロはぴったりではありますが、一方こういう道を猛スピードで走る車もあり、田舎は田舎で遅い車に厳しい反応をする方もいそうです。しかし、そういう道路であれば

むしろ「グリスロを走らせることで他の車の速度を抑制するような役割も担うこともできるのでは」という声もあったそうです。

　低速車両だと周囲に認知してもらうため、グリスロの見た目が「ふつうの乗用車と違う」こともポイントです。見た目が違うからノロノロ運転されても「これは遅い車なんだな」「この低速にあわせて自分も運転するしかないか」など周りの人たちの気持ちを自然と「ゆっくり」に切り替えさせることができます。これは、グリスロが低速でも安全に道路交通に溶け込んでいける重要な要素だと思っています。

　このように、公道でのグリスロの走行が一般的に認められることで、人にやさしい空間の創出や、自動運転の円滑な導入を日本社会で進める道を切り開くことができます。まさにグリスロは低速交通のパイオニアとして、日本社会での新しい交通の姿、低速文化を開拓する役割を担っています。

6 小さな低速交通が地域を変える

　グリスロは、低炭素型の持続可能な交通を実現し、かつ社会的・経済的課題を同時に解決できるものです。持続可能な地域社会を実現する政策ツールになり得るとも言えます。「サステナビリティ」は、地域にとってますます重要な価値観になってきています。最近では、豊島区はグリスロを導入してSDGs の取組を進めていますし、電動モビリティであるグリスロは地域循環型社会の実現にも寄与できるものです。小さな低速交通であるグリスロは、実は地域がこれから作りたい新しい社会の実現において、大きな力ともなれるモビリティではないでしょうか。

　しかし、グリスロの良い面はもちろん裏返すと悪い面にもなります。「オープンで乗って楽しい」点は「冷暖房がない」「雨が不便」「外の人からじろじろ見られる」という指摘もありますし、「遅いのがいやだ」という人や「座り心地が悪い」という人もいるでしょう。そしてグリスロを入れようとした場合、必ず尋ねられる質問があります。「なぜもっと早くて快適な乗り物があるのに、暑くて寒くて遅いグリスロをわざわざ入れるのか」と。別に

日本中の道路でグリスロを走らせる必要もなければ、それが適切なことでもありません。あなたならどう説明されますか。

　「なぜ車両はグリスロである必要があるのか」に答えるためは、「その地域の課題は何なのか」「どういう地域を作りたいか」の答を持っている必要があります。通常車両が通行できないような狭い道幅の地区でなければ、交通課題の解決だけを目的とする場合では、グリスロよりも通常の車両の方が適切な場合が多いのではないかと思います。グリスロは多様な付加価値を持っていることから、交通課題の解決手段であるだけではなく、他の地域課題も同時に解決できることが特徴のため、その「同時に解決したい課題」があるかどうかが重要です。交通手段によって地域課題を解決することに挑戦するようなものです。同時に解決したい地域課題、それがコミュニケーション装置であることで解決できるもの、あるいは、低速モビリティが点と点を結んで周遊する形が地域の目指す姿、など「グリスロがまさに私たちの求めていた地域をつくるためのピースじゃないか」という結論が導き出される場合は、グリスロの導入が望ましいのではないでしょうか。そういう意味では、グリスロの議論をする前に、自分たちの目指すまちや地域の姿を明確に描けているか、その姿を関係者が共有できているかも大事なことではないかと思います。

　IT 技術は進展し自動運転も目の前までやってきましたが、私は技術が進めば進むほど、社会全体として技術と反対側のベクトルへの欲求も高まるのだと思っています。グリスロは電動モビリティなので IT 技術ととても相性がよく、IT 技術との多様な組み合わせを可能とし、運行効率を飛躍的に高めることができる大きな強みを持っています。しかし、グリスロの良さを心の底から感じられる部分は「技術と相性がいい」ということではなく、IT が進むと薄れてくるのかもしれない「直接の人と人の触れ合い」を体験できる場所だからだと思っています。技術が発達しバーチャルな接触が増え、リアルな人との触れ合いが減ってきた今だからこそ、リアルな触れ合いが自然と生まれる場所。今は多くの作業を AI が肩代わりしてくれる中、あえて手触り感のある作業をみんなで行える場所。SNS が発達しスクリーンで世界

中の人と関われるようになった今だからこそ、自分が住んでいるごく身近な近所の人たちとの普通の営み・関わりを自然とつむげる場所。人間として「生きている」感覚を取り戻せる場所を創出できるグリスロは、他のモビリティにはない価値を持っていると思います。そして、このような特性を持っているグリスロを、負の側面があってもトータルとして「これはいい」と思ってくれる人がいれば、そういう人たちがいる場所にこそ、グリスロは導入されるものだと思っていますし、その一人一人の「人と関わり続けることで、いつまでも人間らしく幸せに生きていきたい」と想う気持ちがグリスロを通して地域を前に動かしていくのではないかと思っています。

　グリスロは奇跡を起こすことがあります。グリスロの実証実験に際して「いつも反対する人が反対しない」というお話は各地で聞きますし、笠岡市では「50年間反対していた人が『グリスロが走るなら協力する』と言って島を縦断する道路が整備できた」という不思議なことが報告されています（第4章参照）。グリスロを担当している役場の方も「グリスロは楽しい。こんなに住民から前向きな反応しかない仕事、感謝される仕事は初めてだ」と言われる方は多いです。ですので、一回走らせてみると住民の方の反応がいつもと違うので「グリスロしかない！」と役場の上の人も言ってくれたというお話も聞きます（もちろんそういう地域ばかりではありませんが。あしからず）。

　グリスロが、交通課題と同時に他の地域課題にもアプローチできる"社会装置"であることは、これまでにはなかった新しい地域を創造できる可能性があるということです。グリスロによって、自らが理想とする地域づくりに近づけられる地域が増えれば、それは日本社会の未来を切り拓く源泉にもなるのではと思っています。小さな低速交通のグリスロが、地域や社会を大きく変える時代がすぐそこまで来ているのかもしれませんよ。

＊2021年春に国交省によるグリスロの定義が「時速20km未満で公道を走ることができる電動車を活用した小さな移動サービスであり、その車両も含めた総称」に変更されましたが、人数以外に内容には変更がないため、本稿では当初の定義で説明をしています。新しい定義等は、国交省「グリーンスローモビリティの導入と活用のための手引き」をご覧ください。

1. すべては輪島から始まった
グリスロ「WA‒MO（ワーモ）」の誕生と可能性

輪島商工会議所　専務理事　坂下利久

「輪島から始まったこと」とは

　輪島のグリスロは愛称「WA‒MO（ワーモ）」と呼んでいます。これは「Wajima Small Mobility」の略称であり、他のグリスロと同じ低速小型車両のことですが、その小さな車両の運行にかけた地域のエネルギーは大きなものがあります。今でこそ、各地でそれぞれのイメージが込められたグリスロが今日も走っていますが、輪島商工会議所が取組みを始めた 2010（平成 22）年頃は社会にそのような理解はなかったし、そもそもグリスロが公道を走ることすら認められていませんでした。また、輪島のこの事業は全体では「次世代交通対策事業」と呼んでおり、WA‒MO はその顔という存在です。我々は小さな町の小さな経済団体ではあるかもしれませんが、そこには、地域の活性化や住民福祉の向上のために大きな期待が込められていることに加え、「なぜ WA‒MO か」というストーリーがあります。

　「すべては輪島から始まった」という大それたタイトルを付けましたが、能登半島の小さな都市で始まった「WA‒MO」の取組み（次世代交通対策事業）が、輪島の外の多くの人の力も得て、グリスロの公道走行を実現し、今のグリスロという全国的な大きな流れの最初の一滴を作ったという背景を意味するということでご理解いただければと思います。

　私は 2010（平成 22）年には本会議所には所属していなかったので、創成

期の苦労も知らない私が語るに相応しいかは疑問もありますが、少しでもその臨場感をお伝えできたらと思います。

(1) 地域活性化とは何だろう

　輪島市は日本海の中央部、能登半島の北端に位置する小都市です。直近の国勢調査では人口わずか2.7万人、市域は広いがそのうち中心市街地に約1万人が集積しています。高齢化率は約44％。朝市や輪島塗など観光資源には比較的恵まれているかも知れません。港からおばちゃんたちがリヤカーにお魚を積んで朝市に向かう、そのような風景が毎日見られます。確かに風情はあるかも知れないが、残念ながら経済活動は長期的に低迷している状況です。市街地には6つの商店街があるのですが、車社会の影響か、人々の多くは高齢者も含めて郊外のスーパーなどへ買い物に行ってしまいます（高齢者は若い世代に自家用車に乗せてもらってですが）。街中の商店街は寂しい状況です。商店街の賑わいこそが街の賑わいであり魅力ではないか。何とかしなければならない。何とかならないものであろうか。

　輪島商工会議所は考えました。

　少なくとも高齢者は本来商店街の固定客であるはずであるが、なぜそうなっていないのか。それは、高齢者に適した交通手段のあり方に課題があるのではないか。もちろんコミュニティバスやタクシーなどの交通手段はあり、その維持・整備には労力・財源ともに制度的に手厚い対応がなされているが、本数が限られていたり、乗降が困難であったり、有償であったりと身近な交通手段であると高齢者が心から納得するにはハードルがあるのではないかと。

(2) 次世代交通対策事業の誕生と WA-MO の選択

　更に考え、そして呟きました。

　「田舎のバスは、乗らないから来ないのか？　来ないから乗らないのか？」まさに交通のデフレ現象ともいえ、事態は深刻であり、その解決方法がなか

なかみつからなかったのです。

　今までのまちづくりは、「エレベータのないデパート」を作っていたようなものではないでしょうか。都会の立派なデパートでもエレベータがなければ、買い物客も来ないと思いますが、輪島の旧市街地程度の大きさの町は、都会の一つのデパート程度の規模であり、言わばそれを横にしたようなものです。そこに人口構成に適した横のエレベータがなければ、人の動きはなくなり、町の活力は損なわれます。この認識に達した時に、次世代の新しい社会基盤としての交通体系を構築しようとするものとして、「次世代交通対策事業」が生まれたのです。

　現在、輪島には三つの WA–MO のコースがあり、各コースは一周 3 km 程に考えられています。この 3 km の各コースに、町の「横のエレベータ」として、時速 20 km ほどかも知れないがゴルフ場の電動カートを走らせたらどうなるか、ということを当時思いついたのです。信号等があったとしても同一地点に 20 分もかからずまた来ることになる。ばあちゃんも立ち話をして気楽に待っていられる。これを乗り継げば、自分のペースで商店街での日常の買い物も、公民館での社会参加も、病院への通院もできるのではないか。電動カートならば環境にも優しく、低床で乗り降りもしやすい。低速であり、自動走行化もされているので、ドライバー要件も低く、高齢者であってもドライバーとして社会参加できる。利便性が高まり、ひいては定住促進にも叶うのではないか。そしてこれは新しい社会基盤であるから、料金は無料でなければならない。今でも誰が橋を渡る際に 10 円払えと言うだろうか。これでお出かけが促進され、経済的活性化につなが

図1　WA–MO のコース

り、さらに人々の健康度が高まったりすれば、どれほど大きな効果があるだろうか――。

　これは輪島商工会議所の前会頭である里谷光弘氏の独創であり、誠に優れたまちづくりの着想であったと考えるものです。このようにしてまず全体としてのまちづくりの着想があり、その手段としてWA–MOという車両が消去法ではなく積極的な選択として選ばれた点が特徴的であったと考えています。

⑶ WA–MO の歩み

　取組みの概要をお話したいと思います。今ではナンバーつきのグリスロは当然ですが、輪島商工会議所が取組みを始めた当時はまだ電動カートはナンバーをとっていなかったのです。電動カートはあくまでもゴルフ場内を走るものであり、公道を走行するなどは考えられもしなかった時代でした。ところが、輪島では電動カートの公道走行だけでなく、当初から自動走行にも取り組んでいたのです。実に苦労が多かったという話を聞いています。

① 公共交通サービス充実のための調査開始
■ 2010（平成 22）年度〜　WA–MO 導入に向けた調査の開始
　道の駅「ふらっと訪夢」・マリンタウン交流広場・のと里山空港等の拠点施設において、観光客や地域住民を対象としてWA–MOの交通手段としての可能性に関する調査を行いました。結果は、観光客は、朝市などの観光地周辺では徒歩での移動が主であり、地域住民は徒歩、あるいは自家用車での移動が大半であるという結果を得ました。回遊支援や生活の利便性向上のため、身近な交通手段の有効性、必要性を再認識する内容であったので、WA–MO導入に向けた事業を開始することになりました。

② 専用空間でのカート社会実験開始
■ 2011（平成 23）年度・2012（平成 24）年度　公道走行に向けて
① 構造改革特区申請の提出
　WA–MOを使った交通事業を展開することにはなりましたが、電動カー

トはナンバーを取得していなかったので、まずは専用空間での社会実験を行いました。しかし、住民の交通手段とするためには公道での走行が不可欠と考え、電動カートを公道で走らせるためのナンバー取得を特区でできないかと着想し、WA–MO のナンバー取得に関する構造改革特区申請を行いました。結果は不採択でしたが、その過程で今後の展開につながる数々の貴重なアドバイスを得ることができました。

② 社会的な関心の高まり

　日本商工会議所地域活性化専門委員会などの方々が視察に訪れ、事業内容に強い関心を示していただきました。

■ 2013（平成 25）年度　WA–MO の軽自動車ナンバー取得への更なる研究

　特区は不採択になりましたが、次世代交通事業は継続したいと考えていたため、電動カートの軽自動車ナンバー取得の可能性を引き続き追及しました。その結果、すでに施行されている現行法制度の中で一部対応可能であることが確認されました。この点について、電動カートの製造メーカーであり本事業に協力してくれていたヤマハ発動機から、「ゴルフカートを改良することにより、軽自動車としてナンバーを取得する手法で公道走行が実現できるのではないか」との提案があり、以降、この方向での取組みを行うことになりました。これは、WA–MO の事業推進へ向けての大きな節目となった出来事でした。

③ WA–MO の公道調査走行開始。コース増設、自動走行へ

■ 2014（平成 26）年度　軽自動車ナンバーの取得

① WA–MO の軽自動車ナンバー取得

　ヤマハ発動機の特段のご尽力により、国の保安基準をクリアすることが実現できました。本事業を始めて 5 年、ついに WA–MO（電動カートベース）車両による軽自動車ナンバーを取得できたのです。

② 次世代交通対策協議会の開催と公道走行出発式

　この頃、本事業を行政とも連携しながら進める必要があるとして、官民連携の意見交換の場である「次世代交通対策協議会」を組織しました。2014（平成 26）年 11 月 12 日、WA–MO の公道走行出発式を行い、グリスロの公

道走行事業がここに日本で始めて行われることになったのです。

■ **2015（平成27）年度7月1日～　WA-MOでの公道調査走行開始**

　(1)、(2)で述べたような考え方から、WA-MOは路線バスのように時刻表に従い定められたルートを料金無料で周回運行するというのが大きな特色ですが、2015（平成27）年度時点では輪島キリコ会館コースと輪島病院コースの2コースが実現しております。キリコ会館コースは輪島市街地における道の駅や金沢からの特急バスのターミナルなどの交通結節点や主要観光施設を市街地の南北方向に結ぶコースであり、商店街を通ります。輪島病院コースは同じバスターミナルを起点として唯一の総合病院である公立輪島病院との間を結ぶものです。

　公道走行を始められたWA-MOですが、時速19kmしか出ないWA-MOの公道走行が交通の流れに及ぼす影響などの調査研究をこの頃から始めました。具体的には、2016年3月「地方地域における公共交通の成立性及び交通計画の研究」と題して、WA-MOは最高速度19km／hの低速車両であるので、WA-MO公道走行における一般車両との混在の状況についての研究が、東京大学工学部機械工学科の鎌田・小竹・二瓶研究室学部4年の廣中栄介氏によって行われました（指導教員は鎌田実教授）。ドライブレコーダーをWA-MO車両の前と後ろに取り付け、前後の交通の映像が解析されました。遅延状況については追従状況の発生確率を調査するとともに、追い越しの状況も調査されました。その結果、遅延については50秒以上の追従は約6.3％、3台以上の追従は約10％であり、とくに問題は認められないという結論になりました。追い越しについても、コース1周ごとに平均1～2回であり、WA-MO運転手に安全運転を指導することにより対応できるという結論が出されました。

　この時期に、手作りのWA-MO停留場の設置、ルート上であれば手を挙げてもらえればどこでも乗降できるなどという基本的な運行スタイルが工夫され、一般車両との混在の問題も、WA-MO停留場で停車の際に後続車両の通過に配慮するなどの相互理解により、順調な走行が確保されてきました。このようにして利用者数も徐々に増えてくるようになったのです。

■ 2016（平成 28）年度　WA−MO 自動走行調査開始

　この時期には、観光客に人気のある輪島朝市を含むコースを新設しました。「塗めぐりコース」と呼んでいますが、観光施設、商業施設が多いエリアを通ります。図 1 のコース当初構想でもイメージされており、構想実現にむけ拡充を行いました。

　また、この年の 8 月、輪島キリコ会館（公共施設）駐車場内において誘導線の埋設を行いました。東京大学大学院の鎌田実研究室のご支援により、上記構内に 200 m の電磁誘導線を埋設することができたのです。自動停止、減速、加速等が検証可能となっており、公道自動走行への準備が行われました。この自動走行のための車両の改良についても、ヤマハ発動機から多大なるご支援をいただきました。11 月には、WA−MO による公道における自動走行運転調査走行を開始しました。ヤマハ発動機のご支援をいただき、既存コースの一部約 1km を自動走行路線とするため電磁誘導線埋設などの工事を行うことができました。また WA−MO 車両にも公道走行に向けて再度の改良が施されました。この自動走行は、法令によりドライバーが乗車するものであるが、通常は手をハンドルから離している形での自動走行です。しかし、路面や具体的な交通状況にあわせ乗車しているドライバーの適宜の行動が瞬時に車両の運転に反映できる機能（オーバーライド機能）が付加されています。自動走行は人の運転をアシストするものであり、安全性がさらに向上するとともに、操作性も向上したと考えています。

■ 2016（平成 28）年度〜 2020（令和 2）年度　様々な事業の展開

　2016（平成 28）年度から 2019（平成 30）年度には、輪島で国立研究開発法人産業技術総合研究所の「平成 28 年度　スマートモビリティシステム研究開発・実証事業」が行われました。2019（平成 30）年度には、エコモ財団の支援を受けて「輪島市街地における持続的且つ発展的な電動カート運行に向けた運営体制増強のためのシニア・地域住民の運転実証事業」を行いました。2019（平成 30）年度〜 2020（令和 2）年度には、トヨタ・モビリティ基金「地域にあった移動の仕組み作り」事業の助成を受け、「電動カート WA−MO ネットワークによる健康増進と運営支援体制の拡大」事業を行いました。

図2　WA–MO のシニアドライバー

図3　WA–MO のロゴをつけたユニフォーム

　この時期には、自動走行コースの延伸や、WA–MO の接近情報の管理、沿線の魅力の音声案内、あるいは周辺の飲食店との連携や観光案内ボランティアの試乗などの取組みもテストされました。また、WA–MO 専属のシニアドライバーの育成や交通安全研修も繰り返され、ドライバー

図4　街なかですれ違う WA–MO

のユニフォームや WA–MO のロゴが制定された外、車内の居住環境向上のための様々な工夫が行われました。

　現在、20 分間隔で次の WA–MO がやってきます。ピークの時間帯では町なかで 5 台の WA–MO が走行しており、WA–MO 同士が街角ですれ違う風景は爽快です。

⑷ WA–MO の本質

　トヨタ基金事業でのコミュニケーションツールとしての発見や大阪大学の土井健司先生のクロスセクターベネフィット論、北陸大学の髙橋純子先生の健康増進についてのご研究、また、日本プロジェクト産業協議会からのご提案など、本稿ではまだまだ書ききれないことが実に多いところです。

図5 第1回「WA-MO」市内小学校夏休み絵画作品
　　　会頭賞　高学年の部
　　　大屋小学校6年　川端翔胤さん

輪島での基本設計は、WA-MOを次世代の住民のための足として路線バスのように運行することでありました。理念は高いと思われますが、当会議所は一民間団体という現実もあり、WA-MOの評価委員会を輪島商工会議所の内部に設置し、これまでの実績を踏まえて観光的な運行を主体として行うこととなりました。

　あなたはグリスロに何を期待するのでしょうか。グリスロは実に不思議なもので、単なる無機質な車ではありません。あなたの理想があればあるだけ、その実現像を投影するものだと思っています。あなたはどのような社会を作っていこうとするのだろうか、グリスロは社会の可能性について私たちに問いかけ、そして勇気づけてくれています。

⑸ 仲間の声

　最後にWA-MOの立ち上げから今日まで、実際にハンドルを握り、お客さんと会話を重ねた職員の声をご紹介したいと思います。創成期の事業の姿や事業に取り組んだ充実感などが語られています。

　まさに「WA-MO愛」に満ちていると思います。

● 事務局長　前倉弘美

　2010（平成22）年、町の賑わいを考えた何気ない一言が始まりでした。町の中をゴルフ場のカートがぐるぐる回る、誘導線の上を自動で。輪島の町中はゴルフ場で言えばハーフくらい。イメージするのは、9コースのループを作り、自動でカートが動いていて乗った人が自分でボタンを押し、行きたい

場所へ乗り継ぐ。そのカートに学校に行く子供も乗り、病院や買い物に行くお年寄りなども乗り合わせ、「おはよう」「こんにちは」「どこいくが」「うちどこや」など乗り合わせたもの同士が声を掛け合い、明るく楽しい優しい思いやりのある町であれば、皆楽しいし住みやすい町になる、という発想でした。

● 業務課長　高平功

視察に来られた方々は、熱意をもって地域活性化に取り組むキーパーソンであったり、こちらが学ぶことの方が多く、また、視察対応をきっかけにネットワークを築くこともできた。地域交通不在のまちづくりは、「エレベータのないデパート」と同じであり、WA-MO が目指した方向性に間違いはなかったと確信している。

● 総務課長　本口健太郎

カートを試験的に走らせるための電磁誘導線の設置作業は、全て手作業で職員も業者の皆さんと一緒に配線準備作業を行った。関係当局に対する事前申請作業などもその都度発生した。配線作業等は真夏の炎天下、強風雨、気温が低く凍えるような日の場合もあった。現在では、一部電磁誘導線が埋設された市内周遊ルートが整備され、管理・所有するカート台数も最大9台となるなど、事業実施環境は整ってきており、観光分野への進出も含めさらなる発展が期待されている。

● 上野玉樹

当所前会頭里谷氏の発案で、2010（平成22）年度からこの事業は開始した。当時は、事業を進めるにあたって関係機関に相談の際は、「なぜ、そのような車両を公道に走らせる必要があるのか」などの意見を返される状況であった。手探り状態ではあったが、関係機関への事業説明並びに相談を積み重ねた結果、2011（平成23）年度に電磁誘導式カートでの自動運転による社会実験を実施した。また、ゴルフカートへのナンバー取得に向けて、構造改革特区申請などにも2度チャレンジを行うなかで、国土交通省からの提案・助言、ヤマハ発動機（株）・東京大学大学院鎌田教授の支援がつながり、3年後にはゴルフカートでナンバーを取得することができ、全国初となる公道での社

会実験のスタートを切った。さらに2年後には公道での電磁誘導式による自動運転走行に向けた取組みとして、鎌田教授の支援により公共施設の駐車場内に誘導線が埋設され、自動運転の走行検証が実施された。検証を重ね、様々な課題解決を図り、2016（平成28）年度には全国初となる公道での電磁誘導式による自動運転走行が可能となり、様々な取組みを経て、現在に至っている。

● 田崎大樹

　当初構想から、自動操舵・無人走行も合わせて実証することとしており、公道を走ることができなかったため、カートが走る軌道上に誘導線を地面にテープなどやくさびで設置させて実施していた。走行場所は、客船の「寄港イベント」や「かにまつり」などのイベントに合わせて輪島マリンタウンで実施しており、誘導線の脱着など夏の暑い時期や、豪雨などの荒天時に現場作業に従事したことを思い出す。移動手段の核となるものが電動カート「WA–MO」であると考えている。

● 蕨野　猛

　現在に至るまで様々な活動が実施されてきたが、特に記憶に残っている活動は2019（令和元）年度に市内の小学生に向けて実施したWA–MO体験教室である。初めてWA–MOに乗った子供たちの笑顔が印象深い。当所では小学生の夏休みにあわせて、WA–MO絵画作品の募集を行っており、この体験を活かしたくさんの作品が集まった。小学生ならではの自由な発想で描かれた作品が多く、WA–MOを楽しい乗り物と思ってもらえるとても良い機会になっているように感じた。

● 宮下仁志

　地域に愛され、必要とされていることを実感でき、運転者として喜ばしく感じた。遠方からの視察や問い合わせの数も増加しており、全国的に注目されてきている。そんな最先端の場所に自分が居ることを誇らしく感じている。福祉や観光の面での利用も検討・実証が始まっており、ますます事業の発展が期待されている。今後、高齢化等の問題を抱える多くの地域のお手本のような存在となるだろう。

● 山之下優里

2019（令和元）年7月、輪島市内の小学生を対象に体験教室を実施した。試乗アンケートでは、「風が当たって気持ちよかった、また乗りたい」だけでなく、「ゆっくり景色が見られた」「音が静かだから楽しくおしゃべりもできた」「近所の人に挨拶ができた」などWA–MO特有の意見もあった。普段町中で見かける遅い車から誰でも気軽に乗れる楽しい車という印象に変わったのではないか。

● 宮谷内朱里

観光客を乗せた際は市内案内を兼ね運行したり、地元住民を乗せた際は私の知らない輪島のことを教わったり、私自身、改めて輪島のことについて勉強することが多かった。今は運休中であるが、観光客を見かけたり、「膝が痛くて…」や「この時刻表に合わせて病院に行くの」などと言い、よく乗車してくれた方々を街中で見たりすると、コロナの影響等で運休している現状は少し寂しい気持ちになる。

● 山下光輝

運行にあたって一番うれしいのが、乗客の皆さんからいただく温かい声援です。「ワーモがあると外に出る機会が増えてよい」や「ワーモに乗っているとほんと気分が良くなる」など運転している僕たちも笑顔になりました。今後、観光分野への進出も含めこれからの社会にはワーモが浸透されるべく、皆様のご理解とご支援をいただき事業を進めていきたい。

図6　昨年開催された次世代交通対策協議会での集合写真。現久岡会頭とともに前里谷会頭も並んでみえる

2. 地域が一体となって開発したグリスロ（低速電動バス）

　　　　群馬大学次世代モビリティ社会実装研究センター副センター長　**天谷賢児**

　群馬県の桐生市にある群馬大学は、地域企業や市と連携して低速の電動コミュニティバス（以下低速電動バス）を2010年に開発しました。このバスは低炭素型交通を研究する目的で開発されましたが、その後、地域観光や住民の皆様の暮らしの足として活用されるようになりました。ここではグリーンスローモビリティの一つである低速電動バスが開発された経緯や、それが地域にもたらした様々な効果を紹介したいと思います。

開発のきっかけ

　群馬大学大学院理工学府と北関東産官学研究会は、2008年に公募された科学技術振興機構・社会技術研究開発センターの「地域に根ざした脱温暖化・環境共生社会」研究開発領域[1]において、「地域力による脱温暖化と未来の街－桐生」というプロジェクトを実施する機会を得ました。このプロジェクトは、地域にある観光資源や自然資源を活用して、低炭素型の地域を構築しようとするものでした。桐生市だけでなく多くの地方都市ではマイカー依存型の生活スタイルが定着し、街の構造や社会インフラもマイカー利用に適したように造られています。そのために多くの地方都市では、交通分野からのCO_2排出量の割合が高いという特徴があります。またその一方で、多くの地方都市では労働人口の減少や少子高齢化が進んでいます。これにより自治体の財政が悪化したことから公共交通の維持が難しい状況が現れています。このために高齢者はマイカーを持ち続けなければ買い物や病院への通院ができず、マイカーを手放すことができません。これに伴い、高齢ドライバーの事故などの深刻な問題も起きているのが現状です。

　このようなことから、上記の研究開発領域の統括をされていた堀尾正靱先生（東京農工大学名誉教授）の下で、この研究開発領域に参加する複数のプロ

ジェクトからメンバーが集まり、低炭素でしかも地域の活性化にも貢献し、お年寄りなどが気軽に外出できる新しい乗り物を開発するためのタスクフォースがつくられました。その中で、目的地まで早く移動するための乗り物ではなく、乗り合わせた乗客みんなが楽しみながら移動できる乗り物として「低速電動バス」という構想が生まれたのです。

　低速であることを前提とした乗り物はあまり前例がなく、実際に街の中を走行した場合、周囲交通にどのような影響を与えるかを検証する必要がありました。このために小型バスを借りて低速で走行する実験を、筆者の参加していた上記の桐生市のプロジェクト（代表は宝田恭之先生〔群馬大学名誉教授〕）で行うことになりました。地域の警察にも検討していただき、道路使用許可を取ったうえで、「低速走行実験中」という表示をバスに行うことと、地域住民に十分に周知をすることで実験が可能になりました。走行実験は、平日と休日の朝、昼、夕方に市内の中心道路を時速 20 km 未満で走行し、渋滞などが起こるかを確認するものです。バスの最後尾に座り、窓越しに後ろに溜まってしまう車の数を数えました。運転手さんにお願いして、後続車が数台溜まった場合は路肩によけて後続車を先に通し、また走行することにしました。その結果、低速走行による渋滞やトラブルは生じませんでした。特に、朝夕の通勤時間は、車の台数が多く信号による停止が多いために、低速走行による影響が少ないことが確認できました。

超小型 EV から低速電動バスへ

　このような予備実験を踏まえて、低速電動バスの開発に取り掛かることにしました。車体設計や動力系の開発は、地域のベンチャー企業である（株）シンクトゥギャザーに依頼しました。社長の宗村正弘さんは、大手の自動車メーカーで長年自動車開発を行ってきたたたき上げのエンジニアです。また、この会社は群馬大学次世代 EV 研究会のメンバーであり、その研究会では超小型 EV（図1）の開発をすでに行っていました。そこで、低速電動バスはこの動力系を利用することになりました。ちなみに、この超小型 EV は研究会

図1　超小型 EV（μ TT2）

図2　株式会社シンクトゥギャザーの低速電動バスの初期デザイン

に参加する複数の地域企業が関わって開発されたもので、国交省の「環境対応車を活用したまちづくりに関する実証実験」でも使われました。低速電動バスはこの超小型 EV の動力系を必要なだけ用いるという発想で設計され、結果的に片側4輪のユニークな車体が計画されました。図2は、（株）シンクトゥギャザーによる初期イメージスケッチです。

　低速電動バスの設計コンセプトは、

・最高時速が19 km の低速な乗り物とすること
・シートは対面式として、車内で会話がしやすいこと
・運転手を含めて10人乗りの小型のバスとすること
・側面の窓をなくし周囲環境との一体感が感じられること
・電動で100 V の家庭用電源でも充電できること

で、開発者の様々なアイディアが盛り込まれました。図3は実際に完成した初号機です。合計8輪のタイヤには、インホイールモーターがついていて8輪駆動になっています。電池にはリチウムポリマバッテリを搭載し、平地の場合にフル充電で約40 km の走行が可能です。また、バッテリは二人で簡単に載せ替えられ、予備バッテリを使えばさらに走行することができます。車体上部には太陽光パネルも搭載されており、補助的に電気を供給してくれます。このバスの開発にも多くの地域企業の協力がありました。車体が完成し、市民の方にお披露目ができたのは2011年の10月で、翌年には無事にナンバーを取得できました。図4は、2012年7月に桐生市が国の伝

図3 低速電動バス（eCOM-8）

図4 桐生市での低速電動バスの運行スタートの様子（桐生市伝統的建造群保存地区指定記念式典にて）

統的建造物群保存地区に指定されたときの記念式典の様子です。低速電動バスの市内運行もこれに合わせてスタートしました。

　このころ、石川県輪島市でもグリスロを導入した先駆的なまちづくりの取組みが進められていたことを後になって知りました。図らずも同時期にスローモビリティの概念にたどり着いていたことに驚きました。まさに時代がこういったものを求めていたのではないかと感じています。

　最初に製造された低速電動バスは2台で、1台が富山県の宇奈月温泉に、もう1台は桐生市に納車されました。車体にはeCOM-8（イーコムエイト）という名前が付けられましたが、それぞれの地域で愛称も付けられました。宇奈月温泉ではEMU（エミュー）、桐生市は絹織物の産地であることからMAYU（マユ）という愛称が付けられました。

地域の運行会社の設立と各地への普及

　桐生市では、この低速電動バスを活用した様々な実証実験が行われました。地域の観光ガイドグループとして活躍していたNPO法人桐生再生のメンバーが運行に関わり、観光ツールとしての利用実験を進めてくれました。2013年にはこの低速電動バスを活用した観光まちづくり会社として株式会社桐生再生が設立されました。さらに、桐生市では総務省の地域経済循環創造事業交付金によって「低速電動コミュニティバスと桐生市の地域資源を融

合させた『環境観光』の事業展開及び該当バスの活用拡大による地域製造業の活力向上推進事業」が始まり、市内に合計4台の低速電動バスが導入されました（図5）。大学と市が連携し、地域に製造会社や運行会社が設立され、さらに地域住民の協力で運行が継続されるなど、まさに産官学民の連携で新しいモビリティが地域に実装されたことになります。

　このように開発された低速電動バスは、徐々に普及してゆきました。例えば、上記の宇奈月温泉には現在3台が走り、群馬県のみなかみ町、玉村町、みどり市、富岡町などに広がりました。2018年には国交省が、「電動」で「時速19km以下」、「4人乗り以上」の乗り物をグリーンスローモビリティとして定義して普及を進め、この低速電動バスもその一つとして取り上げていただいたことから、様々な地域で使われるようになりました。2018年には図6のような新型の低速電動バス eCOM-8^2（イーコムエイトツー）が開発されたほか、片側5輪の eCOM-10（イーコムテン）も開発されています。eCOM-10 は16人乗りで群馬大学次世代モビリティ社会実装研究センターには自動運転仕様の eCOM-10（図7）があります。また、この eCOM-10 をもとに豊島区の IKEBUS もつくられました。

　このような普及に伴って、改めて重要な点が見えてきました。それはこの低速電動バスは、どこでも自由に走れる乗り物ではなく、運行できる地域が限られるということです。特に安全に配慮したルート設計や、その地域での合意形成が必要です。後述のように多くの人を早く目的地まで届けるという従来の公共交通とは全く異なり、それ以外の目的に大きな価値が生まれる乗

図5　市内に設立されたまちづくり会社（㈱桐生再生）の低速電動バス

図6　新型低速電動バス（eCOM-8^2）

り物であることを理解していただき、それを活かすことができる地域へ導入を考える必要があるでしょう。

低速電動バスの運行を通して、いろいろな効果が見えてきました。この効果は、当初低炭素型の移動手段を提供するという考え方で開発してきた我々も予想しなかったものがた

図7　自動運転化された eCOM–10

くさんありました。その多くは、利用者の皆様から教えていただいたように思います。以下ではそのいくつかを紹介したいと思います。

低速電動バスの魅力①
周囲環境との一体感

　通常の自動車は車内と車外が分離され、快適な車内空間になるように設計されています。これに対して、開発された低速電動バスは側面の窓がなく、開放的な構造です。もちろん、雨天時や寒い日などにはビニールシートによる簡易的な遮蔽ができるようにしています。開発当初このような開放的な構造が受け入れられるかという疑問もありましたが、様々な運行実験の結果から、開放感のある設計の良さも分かってきました。例えば、尾瀬の林道で運行試験をしたことがあります。このときは著者も試乗しましたが、乗り合わせた登山客が「こういう乗り物は尾瀬にぴったり」や「まだ山の中を歩いている感じでとても楽しい」といった会話が聞かれ、印象深かったのを覚えています。また、群馬県のみなかみ町では谷川岳の一の倉沢までのルートに、いち早く2台の低速電動バスを導入しました。このルートは環境保護の観点からマイカーの乗り入れを規制しています。ただし、お年寄りや足の不自由な方のためにワゴン車での送迎も行っていました。しかし、歩いている人からは評判が悪かったそうです。そこで、低速電動バスを導入したところ、周囲の歩いている人たちが乗っている人に手を振ってくれるようになったそうです。このような事例は開放的な構造が持つ大きな効果と思われます。

図8　花桃の道を走る低速電動バス

　これは群馬県みどり市での運行で、運転手さんから聞いた話です。みどり市では様々な地域イベントで低速電動バスを使っています。その中でたまたま水田に青々と稲が育っている中を運行したとき、都心から来たお客さんがその風景に非常に感動されたとのことでした。地元では、ごくありふれた風景でもそれが地域の魅力であることに気づかされたそうです。図8の写真は同じみどり市の「花桃まつり」で低速電動バスを動かしたときの写真です。地元のボランティアが少しずつ増やしていった花桃の咲く道を低速電動バスが走ります。車内からの眺めは本当に素敵です。商店街での運行でも窓のない構造が威力を発揮します。筆者の住む桐生市では中心商店街を低速電動バスが走行しています。古くからある鰻屋さんの香ばしい匂いなども楽しめます。このように地域の息づかいが感じられる点も、開放的な車体が持つ効果に思えます。

低速電動バスの魅力②
会話が弾む移動するコミュニケーション空間

　低速電動バスに乗っていて感じられることは、乗り合わせた人との会話が弾むことです。地域外から訪れた観光客に、乗り合わせた地元の乗客が街の自慢をする様子をたびたび見かけます。また、定期的に買い物のための運行を行っている地域では、地域のつながりが深まったという話が聞かれます。例えば、路線バスが入っていけない桐生市の宮本町という地域で1年間の運行実験を行いました。週に2日だけ1日4便の低速電動バスを走らせました。そして、利用者に協力していただき、導入に伴う生活様式の変化に関するアンケート調査を行いました。アンケートでは、「あなたの最近の生活を、一年前と比較して伺います」として、会話や買物、外出の頻度などを「増えた」「少し増えた」「変わらない」「少し減った」「減った」の5段階で

答えてもらいました。その結果を図9に示します[2]。いずれも「増えた」や「少し増えた」と答えた方が多いことがわかります。

特に、会話の頻度については「増えた」や「少し増えた」と答えた方は8割を超えました。このときは

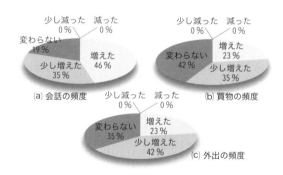

図9 低速電動バス導入の効果[2]

比較的小人数（26人）の調査でしたが、その後の別の地域の調査でも、会話の頻度の増加が窺えるというデータを得ることができました。このようなことから、低速電動バスの中に井戸端会議のような場が形成されていると考えられます。高齢化によって近所のつながりが希薄になりつつある地域でも、このようなコミュニケーションを誘発する場が形成できることは重要な効果だと思います。

このような結果が何からもたらされるかはまだ十分に検証されていませんが、対面式のシートであることが大きな要因と考えられます。著者らは、人と人が会話しやすい距離（会話距離）を低速電動バスの場合に適用してみたことがあります[2]。その結果、車内で多くの人と会話できる状態になっていることがわかりました（詳しくはコラム6をご覧ください）。

低速電動バスの魅力③
地域の自然発生的な見守りの効果

低速電動バスの運行実験を通して気づかされたもう一つの重要な点は、地域の人たちが車内でコミュニケーションをとりながら、ある程度の移動時間を共有することで、地域の見守り的な機能が発生することです。例えば、いつも利用しているお年寄りがこのところ乗ってこないことから、そのお年寄りを訪ねてみるということが何度かあったそうです。これはいわば「自然発生的な見守り」が行われていることになります[3]。こういったことは普通の

路線バスでは、あまり見られないことでしょう。そのほかにも、お年寄りが銀行に行くということで、「振り込み詐欺にあわないようにね」といった会話が自然に起こります。このような地域のつながりが自然な形で生まれ、地域の安全や安心に寄与していることは、低速電動バスの導入によりもたらされた大きな価値の一つといえるでしょう。

低速電動バスの魅力④
自分たちの街の良さを見つけ出すツール

　桐生市では現在6台の低速電動バスがあり、定期運行も行われています。毎月のようにいろいろな自治体や市民団体の皆さんが視察に来ています。著者は何度も一緒に市内を試乗したことがありますが、いつも感じることがあります。例えばある市の市長さんと観光課の課長さんが、試乗したときのことです。車内での市長さんと課長さんの会話が、「○○の前を通って○○の道を走るといいよね」とか、「これだったら○○まで行ったらちょうどいいんじゃない」、「○○でも使えるから、○○さんたちに使ってもらったら…」といった具合の話をされます。こういう場面に出会うたびに、ご自身たちの街の良いところが頭の中に浮かんでいるんだろうなと感じます。つまり、低速電動バスは自分の街の良さを改めて思い起こさせてくれる乗り物なのかもしれません。これもこの低速電動バスの持っている新しい可能性ではないかと思います。

低速電動バスの魅力⑤
地域のシンボルとしての低速電動バス

　群馬大学と桐生市では教育委員会と協力して、地域の子供たちへの環境教育にも低速電動バスを使っています。群馬大学は地元の県立桐生高校のSSH（スーパーサイエンススクール）に協力していて、高校生が低速電動バスによる地域づくりの研究をしています。そこで学んだ知識を使って高校生が小学生に授業を行い、一緒に低速電動バスに試乗する試みを数年にわたり続けています。このように低速電動バスは地域の教育にも活用が可能です。また、

低速電動バスが複数導入されたときのバスの愛称を市全体の小学生に募集しました。その結果、愛称として「マユブルー」や「マユイエロー」のような名前が付けられました。こういった試みもあって、小学生は低速電動バスを見かけると手を振ってくれたりします。ちなみに、「マユピンクを見た日は良いことがある」という都市伝説が小学生の間にあるそうです。また、夏祭りでは低速電動バスがパレードの最前列を走りますが、それには小学生を招待して乗ってもらうことが恒例になっています。これら以外にも、低速電動バスは結婚式に使われたり、お寺の縁日の送迎バスに使われたり、地元銀行が駐車場をバスの発着所にしてくれたりと、地域の皆さんがいろいろな使い方を考えてくれています。低速電動バスが走る地区のお祭りでは子供たちが絵を描いてくれたので、この地区を走るときはいつもこの絵を貼って走っています（20頁）。まさにいろいろな場面で低速電動バスが地域のシンボルとして利用されているように思います。

グリスロは地域に新しい価値を生み出す社会装置

　本稿ではグリーンスローモビリティの一つである低速電動バスが導入されたことで、地域に様々な効果がもたらされたことを紹介しました。そのほとんどで、利用者が自分たちのバスとしての使い道を考え出してくれたように思います。おそらく低速電動バスを自分たちの身近な乗り物として捉えてくれた結果でしょう。このように低速電動バスは、単なる移動手段として捉えるべきではなく、地域に様々な新しい価値を引き出すことができる社会システムあるいは仕組みの一つと捉えるべきものなのではないでしょうか。筆者らは2015年に桐生市で「地域が元気になる脱温暖化全国大会 in 桐生」という講演会を開きました。その講演会には本書にも寄稿されている大阪大学の土井健司先生にお越しいただき、「スローモビリティという選択肢」というタイトルでご講演をしていただきました。そのときの先生のご講演の中で、「スローモビリティは乗り物というよりは地域活性化のための社会装置である」というお話をされたことが、今でも強く印象に残っています。まさしく

グリスロの本質を的確に言い当てられた言葉だと思います。図 10 の中でもこの「社会装置」という言葉を使わせていただいております。

　もちろん、低速電動バスを利用してゆくためには、まだまだ課題もあります。特に、どのようにして持続性を担保するのかや、地域での運行の担い手をどう育成するかなどが課題として挙げられます。しかしながら、移動を提供するという用途以外に、福祉や見守り、観光や地域の活性化、人と人のつながりの強化、子供たちへの教育、地域のシンボルとして地域イメージの向上などの新しい価値を生み出す可能性を、このグリーンスローモビリティが持っていることは間違いありません。

　最後に、これまで低速電動バスの開発や運行、そして普及にご協力をいただいたすべての皆様に感謝申し上げたいと思います。本稿がこれから導入を進められようとしている皆様にほんの少しでも参考になれば幸いです。

図 10　低速電動バスが地域にもたらす様々な可能性

参考文献
1）科学技術振興機構・社会技術研究開発センター、研究開発プログラム「地域に根ざした脱温暖化・環境共生社会」研究開発領域成果報告書『地域が元気になる脱温暖化社会を！』(2014)
2）小竹ほか「安全安心なモビリティとして開発された低速電動バスによるコミュニケーション空間の創出に向けた一考察」『社会安全とプライバシー』Vol.3,No.1,pp.1-14,（2019）
3）小竹ほか「高齢者居住地域に導入された低速電動バスによる地域の自然発生的な見守り効果」『社会安全とプライバシー』Vol. 3, No.1,pp.15-27,（2019）

お客さんが MAYU の使い方を教えてくれました

株式会社桐生再生　代表取締役　**清水宏康**

　群馬県桐生市は 1300 年の伝統のある絹織物の産地です。街には今でもたくさんのノコギリ屋根の織物工場が残っています。「生まれ育った桐生を、日本を代表する織都として繁栄した昔の元気な姿に再生させたい」という気持ちで、定年を迎えた地元桐生高校の同窓生が集まり、NPO 法人桐生再生を 2008 年にスタートさせました。ちょうどそのころ群馬大学の脱温暖化プロジェクトに参加することになりました。プロジェクトでは開発された低速電動バス（MAYU）を使った産業観光の開発をお手伝いしました。

　2012 年 7 月には、江戸開府以来の旧・桐生新町地区が重要伝統的建造物群保存地区に選定され、観光事業の拡大に期待が膨らみました。私も重伝建地区近くの古民家を買い取り、そこを拠点に本格的な観光事業を立ち上げるべく（株）桐生再生を設立しました。同時に桐生市が採択された総務省の地域経済循環創造事業により、はからずも MAYU 4 台を使った事業をスタートさせることができました。

　私自身、このような新しい乗り物を使ったまちづくりの経験はありませんが、地元信用金庫で長年働いてきた人脈をフルに活用してこの事業を進めています。この事業には、群馬大学の先生方、MAYU の開発会社・株式会社シンクトゥギャザーさんはじめ、たくさんの地域企業の方、市役所の皆さん、地域商店街や住民の皆さんが関わってくれています。毎日新しい課題にぶつかりながらも、皆様のご協力を得て事業が進められています。特に、MAYU の可能性を、お客さんが教えてくれることが、この事業を行っていて一番楽しいところです。

　例えば、毎月 24 日に市内の日限地蔵尊さんで縁日が開かれます。お年寄りのために駅からお寺までの往復ルートに MAYU を使うことを副住職の娘さんが考えてくれました。今ではすっかり常連のお客さんが定着しています。また、結婚式に使っていただいたこともあります。新郎新婦が人力車に乗り、そのあとを MAYU に乗ったご親族が走りました。沿道から街の人が手を振って祝福していました。ほかにも着物の着付けの先生の発案で、観光客に着

column

講演をする㈱桐生再生　清水社長

物を着ていただいて、MAYU 使った市内観光を行っています。マレーシアや中国からの留学生には大人気です。

　最近、町会の皆さんが、MAYU を使って市内観光に利用してくれました。市内の方がなぜ？と思いましたが、実は地元の人は意外と自分の街のことを知らないということに気づかされました。MAYU に乗って市内を一回りして、私の古民家でお昼を食べて解散するという観光モデルが生まれました。こういった地域の人とのつながりの中で聞くことができる、ちょっとした会話にもたくさんのアイディアが詰まっていることを感じます。例えば、市内にハナミズキがきれいな道があるのですが、「あの道でお花見の MAYU を走らせたらいいね」とか、「桜の時期もいいんじゃない」、「紅葉狩りにもいいよね」なんていう、さりげないお客さんの会話が大変参考になります。

　私の会社は桐生市からの委託で MAYU を使った市内観光を行っているほか、いろいろな地域イベントに MAYU をレンタルする事業を行っています。レンタルした街でどういう使われ方をしているのかも、私たちにとっては重要な情報です。みなかみ町で夜にホタルを見に行くツアーを企画したことがあるそうです。これもいつかは桐生で実現したいです。

　このようにお客さんが教えてくれる様々なアイディアが私たちにとっては宝物です。そのアイディアをたくさん集めて、視察に来られた方々に提供することも重要だと思っています。このようなお手伝いが、いろいろな地域にMAYU のようなグリスロが普及する一助になればと考えています。

3. グリスロの普及に向けて──エコモ財団の取組み──

（公財）エコモ財団 交通環境対策部 調査役　　熊井　大

電動小型低速車委員会

　輪島でのゴルフカートの活躍を見て、交通エコロジー・モビリティ財団
（以下「エコモ財団」という）で交通環境対策部長（当時）をしていた加藤は、
2016年度に「電動小型低速車普及推進委員会」を立ち上げました。加藤は
自動車会社の出身で、多様な使われ方の車が一斉に電動化するのはハードル
が高いと考えていたところだったので、「これだ！」と思ったようです。有
識者やメーカー、国等からなる委員会で、東京大学の鎌田教授が委員長とな
り、国からは国土交通省の自動車局と総合政策局の環境政策課長がメンバー
になりました（自動車局だけでなく総合政策局にも声をかけたのが、のちのグリスロ
につながっていきます）。

　この委員会では、電動低速車を活用するシナリオをまとめ、2017年3月
にはセミナーを実施し、2017年度には実証の取組みを公募し（2018年に3
地域で実証）、ゴルフカートの活用先進地の北米の調査（コラム2参照）も行い
ました。セミナーでは、100名くらいの参加を見込んでいたところ、161名
の参加があり大盛況で、輪島の他、姫島の事例も紹介され、パネル討論を行
いました。実証は、輪島、松江、横浜が選定され、輪島では新路線の実証運
行とドライバー研修（輪島のまちづくり会社が自動車教習所を運営していて、そこに
ご協力いただきました。その後も研修は続いています）、他の2地域では初走行を行
いました。

　このように、グリスロとして離陸する前には、様々な取組みがあり、思い
を持った熱い人がおり、段々賛同者が増えていき、陰ながら支える人もいて、
流れができてきたと言えます。現役を離れた方々も多くおられますが、彼ら
の思いがグリスロ発展の根底にあるのを忘れてはいけません。

電動低速車の活用シナリオ

　エコモ財団は、電動小型低速車普及促進委員会において、電動かつ低速で公道走行する車両（電動低速車）の代表的な活用シナリオについて検討しました。

　検討では、まず①移動主体、②地域ごとに、近距離交通における課題を考察しました。また、既存の交通手段では解決できないこれらの課題を電動低速車の優位性が解決できる場合、その活動シーンにおける電動低速車の活用シナリオは有効であると考えました。さらに各シナリオ別に、環境負荷の低減効果や、導入台数の概算を行い、積極的に普及を促進すべき優先シナリオの検討も行いました。

　シナリオの取りまとめに当たっては、図1のように、縦軸に地域、横軸に移動主体を取り、導出した活用シナリオと優先シナリオを枠で囲って図示しています。以下で、優先シナリオについて解説します。

シナリオ①：ニュータウンの団地の間や坂をグングン進む

　日本のニュータウンは開発時に居住を始めた住民が高齢化しており、特に坂の多い団地や住宅街を移動することが難しくなっています。そこで、登坂力のある電動低速車を用いて住民を送迎するシナリオが有効です。ニュータウンの活性化にもつながります。

シナリオ群②：地方都市中心市街地の買い物の足に

　地方都市の中心市街地では、高齢者や主婦などが市街地に出てきたものの、複数の拠点を周遊する足が不足するという課題を電動低速車が補完します。電動低速車は座面が高いため、高齢者でも乗り降りがしやすい構造です。電動低速車の中でも、理想的には、10人乗りの車両が適しています。

シナリオ群④：地方都市郊外や中山間地の買い物や通院に

　地方都市郊外や中山間地では、公共交通そのものの便数が不足していることがあります。電動小型低速車は、最大乗車人数4名で、低速車両のため、引退したタクシードライバーや、シルバー人材センターのアクティブシニア

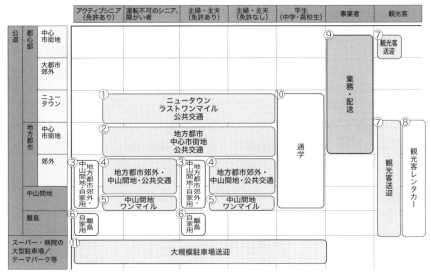

図1　電動低速車の代表的な活用シナリオ

が運転手を担うことで、地域の足を支えます。低速のため、乗客とドライバーの会話も弾みます。

シナリオ群⑤：中山間地のラストワンマイルを支える

　中山間地のラストワンマイルは、数百m程度であっても高齢者の外出時の障害になります。電動低速車は細い街路や坂道にも進入可能で小回りが利くため、中山間地のラストワインマイルの送迎には向いています。バスなどの既存の公共交通と連携した使い方が向いています。

シナリオ群⑦⑧：景色を楽しむゆったり観光

　バスやタクシーで観光をするときの難点は、走行速度が速く、景色を楽しむ時間がないことやシャッターチャンスを逃すことです。電動低速車の低速が最も活かされるのが、このシナリオです。観光客の送迎や観光客自身の運転においても安全です。

　本書では、第4章にグリスロの様々な事例が紹介されています。2017年に検討した電動低速車の活用シナリオの内容が、その後、グリスロの様々な現場で実現されています。

グリスロの普及に向けて

　エコモ財団では、2019年度から電動小型低速車普及促進委員会活動の後継として、グリスロの普及に取り組んでいます。具体的には、社会実験のための車両を貸与し、導入検討地域への支援活動を実施する他、グリスロの車両メーカー向けに研修会を開催しています。

　当財団は、ヤマハ発動機製の4人乗りカート型車両を1台保有しています。以下の地域に当財団の車両を貸与してきましたが、貸与を通じて分かったことは、車両を貸してくれる先が現状国内では限られるため、グリスロの導入を検討している多くの地域では車両の調達に苦労していることが分かりました。逆に言えば、ほとんどの地域では、車両さえあれば、あとは現地の関係者が話し合い、数日程度の比較的簡単な社会実験であれば行うことができることも分かったので、今後のグリスロの普及に向けて、車両の調達がポイントの一つになると考えています。

　また、日本国内においてグリスロの車両を製造するメーカーが増えてきました。ヤマハ発動機やシンクトゥギャザー、米国製のクラブカー、モビリティワークスといったベンチャーだけではなく、自動車を製造しているメーカーやIT事業者、さらには商社もオリジナルの電動低速車両を保有し、国内で公道を走行できるナンバーを既に取得しています。

【エコモ財団車両の貸与先】
（2019年度）
広島県広島市、広島県庄原市、
岡山県笠岡市 等

（2020年度）
愛媛県松山市、鹿児島県鹿屋市、
岡山県矢掛町 等

図2　中島（松山市）海岸線を走る

車両メーカーは単に車両を製造し販売するだけではなく、メンテナンスやドライバー教育等の一連のサービスもできなければなりません。そのため、エコモ財団では、主にメーカー等の担当者向けにグリスロの研修会を開催してきました。

　今まで、輪島や松江、桐生で開催してきましたが、座学や現地見学以外に特徴的なのは、ドライバー教育の現場を車両メーカーの担当者にお見せし、車両メーカーが自らお客様に対してドライバー教育ができるよう促していることだと思っています。

図3　グリスロ研修会（上、座学〔輪島〕）、
　　　ドライバー育成研修（下：実技）

コラム 2 米国シニアタウンにおける電動カートの活用
〜高齢者の自立した生活のマストアイテムに〜

元株式会社日本総合研究所 **高橋沙織**

　本コラムでは、2017年にエコモ財団の調査で、アメリカカリフォルニア州のシニアタウンや離島（リンカーン、パームデザート、ラグナウッズ、カタリナ島）で行われていた高齢者による電動カートの活用事例を調査しましたので、その結果をご紹介します。

　米国でシニアタウンでカートの活用が始められた背景としては、1980年代以降、高齢者の増加に伴い、カリフォルニア、アリゾナ、フロリダ州等において数百〜千世帯程度の住宅やマンションがゲート内に区画整備された高齢者居住用コミュニティが開発されましたが、その際に、開発業者から、住民（高齢者）から移動に便利なゴルフカートの公道使用の要請があり、カートを活用するアイディアに行政が賛同し、シニアタウンの内外（公道を含む）で高齢者が自力で運転する車両として制度を整え、現在これらのエリアで普及しています。元々、米国のシニアタウンには、レクリエーション施設としてのゴルフ場が併設されている場合が多く、世帯ごとにゴルフカートを自家所有する家庭もありました。また、これらのシニアタウンはコンパクトに設計されており、ゴルフ場のみならず、レストランや病院、郵便局等の施設が住宅近隣や私道で接続された隣接地に揃っています。そのため、これらのシニアタウンにおいては、ゴルフを楽しむ高齢住民が、ゴルフカートを日常利用にも活用するニーズが存在したのです。この動きを受けて、ボンバルディアを初めとする製造事業者は、電動カートの周辺公道走行が可能になるよう、公道利用許可の申請を連邦政府に提出します。これを受けて、米国運輸省道路交通安全局では、ゴルフカートを初めとする低速で小型の車両の「Low Speed Vehicle（LSV）」という規格を制定することとなりました。LSVは、最高速度が20マイル／時を越え、25マイル／時以下のトラックを除く自動四輪車と定義されており、独自の保安基準も定められています。

　米国の電動カート運用の特徴は大きく2つあります。1つは、シニアタウンという比較的限定的なエリアの周辺で、高齢者自身が自力で運転できるような環境が整備されていることです。シニアタウン周辺には、高齢者が低速

の電動カートを安心して運転できるよう、独自の低速車線やカート専用車線の標識もあります。また、米国では一定の交通ルールを州や自治体が定められるため、一部の高齢者市民に対して低速専用の免許を発行した事例もあります。もう1つは、安全基準を順守した上で、オーナーが様々なオプションを加えたり、車体のカスタマイズをして楽しんでいることです。特に、温暖気候のカリフォルニア州では、カートにエアコン機能を追加するケースや、ボディをカスタマイズするケース、社用車として利用しているカートに、社名を塗装するなどの工夫が見られました。

図1　低速専用の車線

図2　カスタマイズされたカート車両

　このような発展が遂げられた背景には、米国では地方分権と規制緩和が進み、州や自治体が独自の交通ルールの設定、市独自のカート用ステッカーやカート専用道の整備、地域特性やシニアタウンプランに併せた車両を導入することができるという制度的事情があります。また、いつまでも自立した生活を送りたいと思う高齢者が多く、彼らに適したコミュニティの発展が日本よりも先んじて行われてきたからだと考えられます。また、市や販売店にヒアリングをしたところ深刻な事故はなく電動カートは安全な乗り物と認識されており、利用者へのヒアリングでも視認性・乗降性が良く、総じて快適な乗り物と認識されていました。

第3章　誕生！ グリーンスローモビリティ!!

三重野真代

国策でやってみようか

　前章で紹介がありましたエコモ財団の「電動小型低速車普及促進委員会」について、本来、私はその会議の担当ではなかったのですが、後任が不在となる人事異動が課内であり、年度の途中から担当することになりました。その仕事の延長でたまたまエコモ財団と京都に出張することになり「今、たまたま電動小型低速車の実証実験を京都府和束町でやっているので見てみないか」というお誘いがありました。偶然とはすごいものです。そのイレギュラーな人事異動のおかげでエコモ財団とお仕事することになり、そしてたまたま発生した京都出張のその日が、わずか1ヶ月足らずの和束町でのカートの実証実験期間とかぶっていて、グリスロとの出会いにつながっていったわけです。あの人事異動がなければ、そしてエコモ財団があの京都出張の声をかけてくれなければ、国策「グリーンスローモビリティ」はこの世に誕生しなかったと思っています。

図1　京都府和束町の茶畑を走るグリスロ

　京都府和束町は、宇治茶の生産地で「茶源郷」と呼ばれるほど美しい茶畑が印象的な町です。当時この和束町の茶畑観光の移動手段としてカートが使えないかと、実証実験が行われていました。ここで私はカートと運命的に出会いました。どんよりとした肌寒い曇り空の日でしたが、初めて茶畑の中

を疾走した時の胸の高鳴りは今でも忘れられません。なんと風が気持ちよかったこと。「時速19km」と頭の中でイメージしていたより速いスピードで、茶畑から茶畑を移動し、また急な斜面の茶畑の中をどんどん入っていく。今まで体験したことのないとても楽しい感覚でした。これこそがまさに以前から「こういうのがあったらいいな」と私が思い描いていたモビリティではないかというワクワクが心の底から湧き出てくるのを止められませんでした。（なお、和束町では2021年4月からグリスロ〈愛称：グーチャモ〉による観光客向けの有償運行が始まりました。）

　当時、私が在籍していた国交省総合政策局環境政策課では「課の新しい事業を立ち上げよう」とS課長（当時）が仰り「『グリーンなんとか』のようなイメージだよ」とI次長（当時）からも方向性が示されていましたので「何かグリーンで始まる新しい施策…」と考えていた時の和束町でのカート体験でした。京都から帰ってきて、カートの話を調べるうちに「これは需要があるのに供給が整えられていないのではないか。国の施策として整理する余地があるのではないか」と思えてきました。私にはどうしてこれまで誰も手を付けなかったのかが不思議なくらい国策の必要性を感じました。

　最初から、私はグリスロは"乗合"でいれるべきと思っていました。理由は「私が運転が苦手だから」です。男性と性別で一括りにするのは問題があるのかもしれませんが、モビリティ分野は男性が多いせいか「自分で運転する」乗り物は乗用車以外にも超小型モビリティ、電動バイク、シェアサイクルなど既に多くあるように思いました。その後も様々なモビリティを議論する場に行きましたが「自分が運転して自分で好きな場所に行く」ことが移動にとって最重要価値だと主張される方が多いように感じていました。一方、私は運転が苦手です。運動神経がないので自分で運転はしたくないし、誰かに運転して連れて行ってもらいたいといつも思っています。当時の環境政策課は女性が半分以上とおそらく国交省一女性比率の高い課でしたから「運転苦手よね？」と一緒に働いていたSさんと盛り上がり「女性がいいと思うモビリティは市場に足りないはずだ」との想いを深めていました。運転の苦手な人は男性より女性が多いだろうし、一人で行動することより誰かと一緒

に行動することが楽しいと思う私のような女性的感覚の人のための、そう、公共交通の最大の顧客である「おばあちゃまたちのニーズ」に応える「誰かに運転してもらえて、お喋りできる、楽しい公共交通モビリティ」の幅を広げる政策は、女性の私にしかできないだろうと思い、このグリスロを国交省の新しい政策として展開しようと決意しました。

　この私の思惑はいくつかの偶然が重なって、実現に向かいます。まず、低速電動バス型との出会いです。前述のエコモ財団の委員会はカート型のみを対象としていましたが、2018（平成30）年に同財団と国交省・環境省が主催しているEST（環境的に持続可能な交通）交通環境大賞の奨励賞を第2章でご紹介したeCOMの運営を行っている株式会社桐生再生が受賞しました。これをきっかけにエコモ財団から「低速のバス型もあるよ」と紹介してもらい、さらに「豊島区ではeCOMを使ってバス事業の有償事業に向けて既に動いている」との話を聞き「カート型とバス型を合わせれば小さな公共交通として成り立つじゃないか！」とピンときました。これを裏付けるため、当時グリスロを走らせていたほとんどの地域に出向いて意見交換をしました。各地域では関係する様々な方が集ってくださり、この時の議論が後に「ポイント集」としてまとめられました。この中で、住宅団地や離島など物理的に道が狭いエリアでは根強いニーズが想定されるという話や、中心市街地での回遊型モビリティへのニーズも強いとの話が多くあり、需要は間違いなくあると確信してきました。

　さらに、低速モビリティを個人仕様として日本の道路に導入するにはまだハードルは高いものでしたが、あらかじめ決められたドライバーが、あらかじめ決めた道（エリア）を走る「低速の公共交通」としてであれば導入を推進してもいいのではないかと、高齢者の免許返納後の対策を検討しておられた警察庁からも了解を得られました。同時に「グリスロは道路交通法上の問題はないが、走行箇所は配慮が必要なため、走行前に地元の警察署にあらかじめ相談してほしい」というお話をいただきました。そして、公共交通として使うからには、ボランティア輸送ではなくバス事業者、タクシー事業者、自家用有償旅客運送の道路運送法での有償事業展開が不可欠として、国交省

内でも確認を取ったところ、カート型もバス型も道路運送法の有償事業を行う車両として活用可能という回答があり、供給側の法的な論点が整理できました。

　以上の地域側の強いニーズの存在と国の中の調整や論点整理を経て「これなら公共交通としてこの低速モビリティを日本で推進できる！」ということになり、「グリーンスローモビリティ」という名前をつけて、この政策を日本社会という大海原に船出させることとしたのです。

　ちなみに、この頃は名前を「グリーンスモールモビリティ」にしようか「グリーンスローモビリティ」にしようかとても悩んでいました。カート型もバス型も通常の車両より小さいことも特徴だったように思ったからです。でも小さいことより低速であることの方が他のモビリティとの決定的差異だろうと考え「グリーンスローモビリティ」にしました。後に大阪大学の土井先生などが「スローモビリティ」という言葉を使っていたことを知り、この方向性でよかったとホッとしました。

　12 文字のカタカナのため、略語を「グリスロ」にしましたがこれも覚えにくく「グリモビ」や「スロモビ」、「リトグリ」など様々な言い間違えを頂く時代もありましたが、3 年たって、グリスロ先進地域では地元の方はもとより新聞やテレビでも普通に「グリスロ」と記載してくれるまでに至っており、今では多くの方に「グリスロ」の愛称を受け入れていただいているのではと思っています。

実証調査、そして全国第 1 号の緑ナンバー取得へ

　グリスロをどうやって世の中に政策としてデビューさせるか、というのは私の頭を悩ませることでありました。通常は、大学の先生など有識者の方に集まっていただく専門の会議体を作りそこで議論をして報告書を作って発表して…という流れを取るのですが、まだ事例が少なすぎて有識者の方々に十分な議論をしていただける状況でもなかったため、まずは実績を積み重ねようと思い、ある日突然「グリーンスローモビリティシンポジウム」を行いま

図2　蒲田での初めてのグリスロシンポジウムの様子

す、と公表しました。私のポイントはこの「グリーンスローモビリティ」という単語をあたかも「これまでもあった最先端の単語ですよ」というスタンスで使ってみたということです。突然生まれた単語が、どれくらい多くの人に理解されるのかという不安もありましたが、東京の蒲田で行ったこのシンポジウムには 300 人の定員に対して 400 名以上の方から申し込みがあり、大盛況だったのです。担当とはいえ、こんな降って湧いたような珍しい乗り物に興味を持つ人が 400 人もいるのかと驚きました。

　シンポジウムを開催した 2018 年度のグリーンスローモビリティ実証調査には 13 地域からの応募があり、5 地域を採択して実証調査を行いました。この 5 地域のうち 3 地域が第 4 章で登場する福島県いわき市、岡山県備前市、そして広島県福山市です。福山市は 5 地域の中で最も利用者の数も多く（乗車定員が少ないカートで 2 週間の実験期間に千人以上の利用！）、これまで鞆地区が長年抱えていて交通問題を解決するモビリティがやっと出てきた！と地元の方にも交通事業者にも熱狂的に支持され、実証実験からわずか 4 ヶ月でアサヒタクシー（株）さんによる本格事業が開始されました。これは本当に偉業と言わざるを得ないことでして、日本で初めて道路運送法の営業許可を取得したグリスロでした。カート型でタクシー事業ももちろん日本初で、「本当にカートにタクシーの行灯やメーターが載るの？」など法的には問題ないと言われていても各種法的要件を通常のタクシーと同様に満たすため、乗り越えるべき論点はたくさんありました。初めてづくしの中、関係者がフル回転で頭と手を動かしてブルドーザーのように道を切り開いたのです。それを補助金も受けずに「すべて自社の費用でやります」と費用面も細かい機材の改良や調達のためのメーカーとの調整も国との調整も、アサヒタクシー（株）さんは自らが率先して行いました。国交省も中国運輸局も全国初の事例とい

うことで非常に前向きに対応してくれましたが、それでも答えがすぐに出ない問題が出てくる中、それをアサヒタクシー（株）さんと二人三脚で全面的に対応し解決策を共に作り上げた福山市にも脱帽の一言です。このパワフルな両者のタッグがあればこそ、実証調査後たった4ヶ月で本格導入が実現したわけです。

これと同時並行的に、予算についても環境省と国交省の連携事業という形で2019年度から新たなグリスロの補

図3　福山市の日本初緑ナンバーグリスロ

助制度などが始まることになりました。また福山市の本格事業開始から約半年後の2019年度秋には、豊島区のIKEBUSによる全国初のグリスロを活用したバス事業の開始と、町田市による全国初のグリスロ自家用有償旅客運送事業の開始があり、これで公共交通としての事業化の事例も揃いました。国の制度の整理と同時に、地域での本格事業化の動きも進み、いよいよグリスロが日本社会に大きく羽ばたいていけることとなったのです。

いよいよグリスロ全国へ

2018年度の第一回のグリスロシンポジウム前の走行実績地域数は20地域程度でしたが、その後2年以上を経て2021年3月時点で、走行実績地域は全国で4倍の97地域になりました（最新情報は国交省「グリーンスローモビリティポータルサイト」をご覧ください）。いよいよグリスロは全国で走り始めたといっても過言ではなくなってきました。

本書では、この走行実績のある地域の中でも先行的に取組みを進めている15地域を次章において「まちなか公共交通」「観光モビリティ」「住宅団地」「集落の足」の4つの視点から紹介します。

図4　谷川岳を走行するグリスロ

　この中でも特に、住宅団地は日本に 3000 以上あると言われます。住民の高齢化が進む中、路線バスは住宅団地の入り口までや幹線道路を走るだけで、非常に広大な面積をもち、急な坂のある団地内の移動を細かくフォローできるモビリティへのニーズはこれから益々高まっていくと考えられます。グリスロは、団地内の細い道路を静かに匂いも出さずに走ることができ、高齢の一種免許保持者でもドライバーになりやすいことから、町田市や松戸市のように住宅団地に住んでいる人同士が支え合いながら移動手段を提供する仕組みを作れる可能性があります。住宅団地内の移動手段として、電動低速交通であるグリスロは最適なモビリティの一つではないかと思っています。

　他にも、グリスロが向いている場所があります。まず、自然景勝地です。谷川岳の移動モビリティとしてもグリスロは使われていますし、青森県の奥入瀬渓流でもマイカー規制した道路の移動モビリティとしてグリスロを走らせたことがあります（13頁参照）。二酸化炭素や排気ガス、臭いを排出しない電気自動車であり、かつ外の景色がよく見えて美味しい空気を吸いながら風を感じられるグリスロは、自然が豊かな場所での観光客向けの短距離の周遊移動手段としてはぴったりではないかと思います。

　離島もグリスロが向いている場所です。特に、姫島や笠岡諸島のような一周 20 km 以下の小さな離島や自動車が走行できない細い道が多い離島、ガソリンスタンドがない離島では、電動で小型のグリスロは、離島の方の生活を大きく改善できるケースもあるのではと思います。実際に、笠岡市の高島ではグリスロを島民のシェアモビリティとして活用することになりました。

第2部

快走！グリーンスローモビリティ
～走って、笑って、愛されて～

住宅団地の坂を駆けるグリスロ（横浜市）

第4章　使い方は地域の数だけ！

　本章では、グリスロを本格導入又は実証した先行15地域の取組みを各地域の担当者に執筆いただきました。

　一言で「グリスロ」といっても地域に入るとそのストーリーも使われ方も千差万別。地域の数だけ使い方があるといっても過言ではないと思いますが、どの地域でもグリスロと共に担当者が走って、地域の人とたくさんの笑いや苦労を共にし、そして地域の方のグリスロへの愛が生まれていることを感じていただければと思います。

　事業内容の詳細は省略しておりますが、2021年4月までの間に有償事業を開始した地域の概要は以下のとおりです。さらに詳細を知りたい方は、各地域へお問い合わせされたり、ぜひ現地へも赴いていただければと思います。

【本格事業（有償）】　　　　2019 年 4 月　広島県福山市鞆の浦など　アサヒタクシー（株）
　　　　　　　　　　　　　　　　　 11 月　東京都町田市鶴川団地　社会福祉法人悠々会
　　　　　　　　　　　　　　　　　 11 月　東京都豊島区池袋　WILLER EXPRESS（株）
　　　　　　　　　　　　　2020 年 3 月　静岡県沼津市沼津駅　伊豆箱根バス（株）
　　　　　　　　　　　　　　　　　　3 月　広島県福山市鞆の浦　鞆鉄道（株）、
　　　　　　　　　　　　　　　　　　　　　広島県福山市福山城　アサヒタクシー（株）
　　　　　　　　　　　　　　　　　　4 月　島根県松江市法吉団地等　社会福祉法人みずうみ
　　　　　　　　　　　　　　　　　 10 月　岡山県備前市鶴見地区　NPO 法人スマイルつるみ
　　　　　　　　　　　　　　　　　 11 月　宮崎県宮崎市宮崎駅　宮崎交通（株）
【実証実験での一部有償化】2019 年 11 月　福島県いわき市小名浜地区　（株）磐城タクシー
　　　　　　　　　　　　　　　　　　　　　（～ 2020 年 3 月、2020 年 12 月～ 2021 年 2 月）
　　　　　　　　　　　　　2020 年 9 月　福島県いわき市平地区　（株）報徳バス
　　　　　　　　　　　　　　　　　　　　　　　　　　　　　　（～ 2020 年 11 月まで）
　　　　　　　　　　　　　　　　　 10 月　広島県尾道市　備三タクシー（株）
　　　　　　　　　　　　　2021 年 4 月　島根県大田市　レンタサイクル河村、大田市
【レンタカー事業】　　　　 2018 年 7 月　大分県姫島村　T・プラン（株）

1. まちなか公共交通

狭・坂・古の鞆の浦　念願の公共交通は笑顔がいっぱい

福山市建設局都市部都市交通課　　莱原陽介

⑴ グリスロ？　何それ？　がはじまり

シンポジウムでグリスロを知る

　「グリーンスローモビリティ」知ってます？と紹介されたのが、すべての始まりでした。「何それ？」と話しはじめて、「ゴルフカートが公道を走れるようになったんじゃ。なんか面白そうじゃな…」と既存の乗り物にない使われ方が目を引いたことを覚えています。そうした中、2018年6月に東京で行われた「グリーンスローモビリティシンポジウム」に参加し、これから国交省が本格的に導入を進めていくことを知りました。帰りの新幹線では、福山市で使いたいシーンがいくつも思い浮かび、課長と話が盛り上がったことを覚えています。

直感！鞆の浦で走らせたらいいかも

　福山市南部の「鞆の浦」は、古来より「潮待ち」の港として栄え、歴史的な建造物がまとまって残る全国的にも珍しい景勝地です。日本遺産、国の重要伝統的建造物群保存地区選定、ユネスコ「世界の記憶」(2017年10月登録)など、その歴史・文化・自然は国内外から高い評価を受けています。一方、福山市内でも高齢化率の高い地域で (2020年3月末時点の高齢化率50%)、江戸時代から続く古い町並みは乗用車も入れないような狭い道や坂が多く、既存のバスやタクシーだけでは高齢者や観光客の移動を支えることが難しい地域でもありました。そこに来てグリスロは、軽自動車よりも車幅が小さく、ドアも無く開放的、電気自動車で静かなど、鞆の浦で走らせたら面白いのではないか！と直感的に思いついたのです。

⑵ まずは実証

古い町並みにとけこむグリスロにみんなが期待！

　早速、国交省の公募事業に応募し、2018年11月に鞆の浦で実証実験を行うことになりました。当初、この古い町並みや地域住民の生活の中に、新たな乗り物が受け入れられるのか、住民が運転する車の邪魔にならないのかなどの心配もありました。しかし、実証実験によりこれまで乗用車が入れなかったような狭い道や坂道でもグリスロは難なく走ることができ、スローライフな鞆の生活にもピッタリであることがわかり、そうした心配はすぐに払拭されたのです。また、狭い道が多い鞆の町中に入ってくる観光交通を抑制することは地域住民の悲願でもありました。2018年3月に策定された「鞆まちづくりビジョン」においても「安全に安心して通れる生活道を含む交通システムの構築」を将来像に掲げており、グリスロを地域住民（特に高齢者）の足としてだけでなく、観光客の散策に利用してもらえれば、町中に出入りする観光交通を抑制できるのではないかと考えたのです。そうした中、実証実験前に行われたグリスロのお披露目会では、たくさんの人が集まり、地域の皆さんのグリスロへの期待を強く感じることができました。

図1　実証実験前のグリスロお披露目会の様子

図2　実証実験で観光客に住民が手を振る様子

利用者は2週間で千人を超えた

　実証実験は天候にも恵まれ、たくさんの人にグリスロを体験してもらうことができました。新聞やテレビでも取り上げられ、わざわざグリスロに乗るため鞆の浦へ来

たと言う人もいました。そうした話題が SNS でも広がり、遠くは東京や東北からこの機会に鞆の浦に行ってみようと、観光に来られた方もいました。2 週間の実証実験で 1071 人（うち 7 割が観光客）もの利用があり、「乗り降りしやすかった」「スピードがちょうど良い」「面白かった」「道行く人とあいさつができる」など、当初の予想を超えた反響から、関係者一同、本格導入に向けて動き出すことになったのです。

住民のため？　観光客のため？

　実証実験を進める中で、地域の方から「グリスロを導入するのは、住民のためか、それとも観光客のためか」と問われたことがあります。鞆の浦は市内有数の観光地で、行政も観光振興に力を入れています。それにより観光客も増えていますが、地域住民の生活には少なからず悪い影響も及ぼしていることが、この言葉の裏にはあるように感じました。行政として、どちらかのためにやっているつもりはないものの、事業の目的をきちんと理解してもらわないと本格導入もうまくいかないと心配していました。ところが、実際にグリスロが走り出すと、乗客と道行く人が言葉やあいさつを交わす光景が多く見られ、住民と観光客を結びつけるひとつのコミュニケーションツールとしてうまく機能し始め、地域住民にもすぐに受け入れられ、そうした心配は無用になっていました。

⑶ 全国初のグリスロタクシー＆グリスロバス

地域に根差した交通事業者に感謝

　実証実験に協力してもらったアサヒタクシー（株）と鞆鉄道（株）は、地域の主要な交通事業者です。私たちは、既存の公共交通と連携しながら、グリスロの安全・安心な運行のためには、地域の交通事業者（プロドライバー）の協力が不可欠であると考えていました。両社に実証実験の説明をしたところ、すぐに賛同をいただき、アサヒタクシー（株）は主に観光客をターゲットにしたグリスロタクシーとして、鞆鉄道（株）は主に地域住民をターゲットにしたグリスロバスとして、運転手の手配や車両管理など全面的に協力していただけることになりました。

実験の後、アサヒタクシー（株）は独自にグリスロを購入し、全国初の緑ナンバーによる「グリスロ潮待ちタクシー」の運行を始めました。鞆鉄道（株）も、7人乗りのカート型グリスロを使い、翌年度より福山市の委託でグリスロバスの運行を既存の路線バスと連携しながら始めることになりました。短期間で事業化することができ、多くの人たちに喜んでいただけるのは、地域に根差した交通事業者あってのことだと、本当に感謝しています。

視察ラッシュ！全国が注目

　全国初の緑ナンバー「グリスロ潮待ちタクシー」の運行がはじまると、全国から多くの視察があり、うれしい悲鳴をあげています。そこで共通して問われるのは、実証実験からわずか4ヶ月という短期間で本格導入できた理由です。鞆の浦という特殊な町並みがグリスロの特性にピッタリだったこともありますが、一番の理由は関係者が一丸となって事業化に向けて取り組んだからだと思います。もしかしたら、グリスロのもつ「人を結びつける魅力」に、その要因があるのかもしれません。

グリスロバスの採算性

　もう一つよく聞かれるのは事業の採算性です。グリスロバスは、運転手を除くと最大でも乗客6人しか乗れません。乗客の少ない路線バスが赤字であるように、グリスロバスも単体で考えれば不採算な路線になりかねません。

図3　町並みにとけこむグリスロ

しかし、グリスロを鞆のまちづくりに活かしつつ、既存の路線バスとの連携で公共交通網の末端を担わせることにより、公共交通全体としてより利用しやすくなれば、既存の路線バスの収益改善にも繋がります。さらに、人の交流が活発になれば、地域の活性化や様々な経済効果も期待できるようにもなります。そのあたりの効果検証と利便性の更なる向上が今後の課題と考えています。

鞆から届ける①〜「グリスロ潮待ちタクシー」への想い〜

アサヒタクシー（株）代表取締役　山田康文

⑴ グリスロ導入のきっかけ

　私の祖母の家は、広島県福山市の港町である鞆の浦の山の中腹にあり、車が入れないような場所でした。坂道を大変そうに上がっていく祖母の姿を幼少期に見てきた私は、高齢化が進むこの町に、いつか気楽に乗れるコンパクトなタクシーを走らせることができないかという思いを抱いていました。2016 年、石川県輪島市での新しい交通手段としての取組みを新聞で知り、グリスロを「タクシーとして走らせることができないか」と思いついたのです。2018 年の実証実験により、バスや通常のタクシーでは、移動が難しかったエリアへの送迎を、「自家用有償」ではなく、公共交通機関としてグリスロを使えば、「ドア to ドア」で便利な高齢者の足となり、この町の問題を解決できる。そう確信し、鞆の浦でのグリスロの導入を決定しました。

⑵ 「グリスロ潮待ちタクシー」の誕生

　日本初のグリスロタクシーは、電動のゴルフカートを改造したもので、日本で一台しかない手作りのオリジナル製品です。実証実験でやはりこれだと思った私は、静岡県掛川市の「ヤマハパワープロダクツ（株）」から車両の納車には 3 ヶ月ほどかかると聞き、早期にグリスロを運行させたいとの思いから実験終了と同時に車両を発注しました。ただその時点では、緑ナンバー取得が可能かどうかわからない段階でした。緑ナンバーの取得に向けて、運輸局や警察と協議を重ねました。課題の一つは、タクシーメーターがきちんと作動するかどうかでした。「YAZAKI」にもご協力いただき、走行パルス実験等を繰り返し行いました。私も何度も静岡に足を運んでは打ち合わせを重ね、最終的に、タクシーメーターが正確に作動することを確認し、中国運輸局に報告することができました。

　また、最大の課題は「安全性の担保」、具体的には「側面衝突」に対する

対応でした。カート型のグリスロにはドアがなく、オープンであることが一つの特徴ですが、その点が引っかかったのです。そこで、国交省に相談したところ「安全性が担保された際は運用が可能」との通知を発出していただきました。鞆の浦は、古くからの地割をそのまま残す狭隘な生活道路の中に三叉路やクランクが多く、側面衝突が起こり得る「十字交差点」は町内に3ヶ所しかありません。そこで、運行するエリアや道路を狭い道に限定するとともに、交通量が多く、スピードがでるような道路は極力走らないような運行要領を作成し、安全性を担保することで、運行許可を得ることができました。こうして、実証実験からわずか4ヶ月後で全国初の緑ナンバー「グリスロ潮待ちタクシー」を誕生させることができたのです。

⑶「グリスロ潮待ちタクシー」が新たな風を呼ぶ!

グリスロの開放的な作りは、季節や風を感じられ、乗客と町を歩く人々が交流を持つきっかけづくりになりました。乗車した住民の方が、道を歩いている人や子どもたちに声をかけ、「乗りんさい」と言って相乗りになるようなこともあり、通常のタクシーとは違った風景が見られます。当初考えていた環境面や機動性だけではなく、思いもよらない鞆の浦の良さを発見することができ、鞆の浦のポテンシャルを引き出した形ともなったのが、このグリスロでした。

グリスロの運行は地域の人々の「安心」「安全」そして「安らぎ」を生み出すとともに、新たな事業と雇用を生み出すのではないかと期待しています。住民の足となり、観光客に良い思い出が残るタクシーとして、この鞆の浦で最初にスタートしました。そんなグリスロが全国各地に増えていくことを願っております。また、これからのタクシー業界は、仕事の奪い合いではなく、「ともに歩む」共生の時代であると考えています。当社も「タクシーでできることは全てやる」の信念を貫き、今までにはない、更には、便利で地域に寄りそうタクシーを走らせていきたいと考えています。

鞆から届ける②　〜鞆のグリスロは鞆っぽい〜
医王寺　宇喜多亮弘副住職に聞く

後山の中腹にたたずむ医王寺。眼下には鞆の町並みが広がる。

医王寺　宇喜多亮弘副住職

──グリスロの印象は？

正直なところ、最初、「使う人おるんかな？」と思ったんですよ。でも意外や意外、結構、使われてて（笑）。本寺でも運転手さんが観光客を連れてきて、町の説明をしているのをよく見ます。グリスロがいつの間にか当たり前になってて、知らないうちに、うまいこと町へ溶け込んでいましたね。

──医王寺の境内には墓地があり、毎月8日、ご本尊の縁日で檀家が集いご詠歌をあげるそうですね。檀家さんのご利用はいかがですか？

うちの檀家さんで口癖のように「参れるうちは参らせてもらおう」と言ってたご婦人がいます。ですが最近は足の手術をして来れなくなっていたんです。そうしたら先日、久しぶりにいらして「本当にグリスロがあってよかった」と。自宅にも毎月お参りさせていただくんですが、やっぱり旦那さんが眠るお墓にお参りしたかったんですね。他にも、グリスロをご利用される檀家さんが増えています。普段来れない方が参ってこられたりしてね。「久々に参った」という声を聞くと僕も嬉しくなってね。やっぱり文明は使うためにある！そう思いましたね。

──鞆の浦とグリスロの相性はいかがでしょうか。

例えば京都の人力車のように、鞆はタクシーでもなく、人力車でもなく、グリスロ。そういうのもいいでしょうね。鞆は空気感がたまらないんです。この町は空気で感じてほしい。だからグリスロを単なるタクシーのミニチュア版にしてしまうのはチョッと寂しい。「鞆のグリスロは鞆っぽい」といえる個性を磨きつつ、あって当たり前の存在にしていくことが必要じゃないでしょうか。

（記：復建調査設計㈱　田中晶子）

鞆から届ける③　〜観光型・地元対応型の両輪に期待〜
ホテル鷗風亭　事浦誠二接客支配人に聞く

　館内どこからでも瀬戸の多島美を愉しめるホテル鷗風亭。観光客はもちろん、結婚式や長寿の祝い、修学・研修旅行など、日々多くの人が訪れる。

ホテル鷗風亭　事浦誠二接客支配人

──グリスロに対してお客様の反応は？

　鷗風亭では全客室にグリスロのチラシをおいています。お客様が観光なさる際、「鞆は駐車場もないし、道も狭いので徒歩がいいですよ」と申し上げると、「うちのおばあちゃんは足が悪いから…」となるわけですね。その後、お部屋から「グリスロの予約はどうすればいいの？」とお問い合わせをいただくことがしばしばあるんです。中にはお気に入りいただいて「30分しか乗れなかったので、翌日もまた予約を取ってほしい」というお声もいただいたりしますよ。

──鞆でおススメするグリスロ利用法は？

　鞆の町自体は30分程度で歩いて廻れる町です。従来の観光タクシーは、停めて、降りて、説明して、また乗って、移動して…の繰返しでした。でもグリスロなら、車窓でずっと潮風を感じながら、降りることなくスポットを巡ることができます。鞆のおススメはまちの佇まいです。ぜひそれをグリスロで感じてほしいですね。

──事浦支配人も鞆の浦ご出身とのことですが、鞆のグリスロに対する期待があればお聞かせください。

　観光もそうですけど、うちの母も病院へ行く際、グリスロに乗っていくことがあります。狭い路地でも家の前まで迎えに来てくれるし移動の小回りも利く。今後は、地元に対しても販路を広げていけば、もっと利用者が増えるんじゃないでしょうか。観光型あり、地元対応型ありの両輪に期待します。

（記：復建調査設計㈱　田中晶子）

鞆から届ける④　〜おばあちゃんたちのグリスロ談義〜
佐古田千代子さん、岸本光子さん、表芳子さん、表浩子さん、稲葉繁人さんに聞く

——**グリスロバスの"常連さん"とのことですが、どう使ってますか？**

グリスロ談義参加の皆様
（右から、佐古田千代子さん、稲葉繁人さん、岸本光子さん、表芳子さん、表浩子さん）

芳子さん　私は買い物行く時にグリスロバスへ乗っていくよ。帰りは歩きよる。だから午前中にもう一便増やしてほしいんよ。

光子さん　行きはバスの時間に合わせられるけど、帰りはそうはいかんもんね。

浩子さん　うちの主人は病院への行きはグリスロバスで戻りはタクシーで帰るよ。

光子さん　タクシーも呼んで、来てくれればええんじゃけど、遠くへ送迎しとったら、なかなかつかまらんのよ。

繁人さん　だから、そういう時はグリスロタクシーを使えばええんよ。グリスロタクシーは、鞆の中しか走らんのじゃけぇ。

千代子さん　この前、グリスロタクシーに乗って、祇園さん（沼名前神社）の「茅の輪くぐり」に行ってきたんよ。階段の上の本殿まで行ってくれるなんて、他の乗り物は行かれんよ。

芳子さん　医王寺の檀家さんが、寺まで上れんから墓参りはしないって言うてたけど、これええね。「グリスロに乗ればええよ」って言うてみるわ。

——**グリスロの乗り心地はいかがでしょう？**

光子さん　低速っていうけど、わたしらは別に低速とは思わんなあ。

芳子さん　ゆっくりやからグリスロが通ったら「どこ行きよんの？」って挨拶してね。運転手さんも声かけてくれるんよ。

光子さん　乗り心地はいいよ。暑いかなと思うたけど、風が入るから涼しいし。

芳子さん　雨の日もちゃんとカバーしてくれるしね。

光子さん　バスは乗るとき困るのよ。グリスロはええわ。

芳子さん　グリスロは床も低いし、乗りやすいんよ。

千代子さん　私、シートの前のバーを持つのも好きじゃわ。シートベルトするより、前を持つ方が簡単でええわ。

──グリスロで気持ちに変化はありましたか？

芳子さん　自分で自立して動こうと思うでな。

千代子さん　嬉しいわ。片道だけでもこれに乗れると思ったら。

芳子さん　一人でも出ていこうと思うわ。

千代子さん　後ろのカゴに車いす置けるんかね。婿（主人）を乗せていこうかな…と思って。

繁人さん　乗れんことないよ。

千代子さん　みんなに見られると嫌がるんやけどね。タクシーはつかまらんから、グリスロバスで病院に行ってほしいわ。

繁人さん　確かに、男の人が乗ってるのは見たことないなあ。

芳子さん　そういわれればそうじゃな、おらん、おらん。

浩子さん　うちの主人は乗るよ。お医者さんに行くのに。

千代子さん　（男性は）ダメよ。恥ずかしゅうないじゃん。私ら、美智子さんみたいに手を振るよ（笑）。

繁人さん　恥ずかしいんよ。じゃけど、これからはこれに頼るしかないんじゃけえ、乗る人が増えてくるかもわからんよ。

──グリスロ、もっと使いたいですか？

芳子さん　もう一便増えたら私ら助かるなあ。私らいま自立を目指しとるけな。他のみんなも乗ってほしいな。

千代子さん　11時台が欲しいね。そうしたら、午前中、お医者さんに行けるわ。早く行っとる人は、それで帰ってこれるし。

光子さん　この前、福山の街に路線バスで買い物へ行って、帰りは時間を調べて路線バスとグリスロバスを乗り継いで帰ってきたんよ。

千代子さん　うちも真似して、バスを乗り換えて帰ったよ。便利やわ。

──おばあちゃんたちのグリスロ談義は、まだまだ尽きそうもない。

（記：復建調査設計㈱　川上佐知）

※グリスロにご尽力された稲葉繁人様は2020年11月にご逝去されました。謹んでご冥福をお祈り申し上げます。

みなとオアシス沼津へ一直線！
"ゆっくり"を楽しむ気品溢れる路線バス

静岡県沼津市都市計画部まちづくり政策課　**遠藤重由**

⑴ 出会い

　沼津市街から南に 2km の距離にある市内随一の観光スポット「沼津港」。日経新聞土曜日版プラス１の「何でもランキング」のコーナーにおいて、全国 120 ヶ所ある港版の道の駅として注目されている「みなとオアシス」のランキングにおいて堂々１位に輝いた「みなとオアシス沼津」。新鮮な海の幸を存分に楽しめる「魚市場」や「飲食店街」、近年の深海魚ブームの立役者である「沼津港深海水族館」など、観光施設も備える年間 166 万人以上の観光客を集客する人気スポットです。

　年々、観光客が増加しているものの市街地への賑わいの波及は限定的となっており、沼津駅と沼津港の２拠点の連携強化が長い間懸案となっていました。過去には無料シャトルバスが運行したこともありましたが、新たなモビリティを活用して解決できないか公共交通の有識者に相談したところ、紹介されたのが低速電動コミュニティビークル「eCOM-8」でした。

⑵ 壁

　2018 年度に「eCOM-8」を用いた１ヶ月の試験運行を実施するため、車両の確保、バス事業者とルートやダイヤ、運行業務の調整を行い、予算化に向けて調整を進める中で、慎重な意見も聞かれました。沼津駅－沼津港間は、民間のバス事業者２社が住宅地や文化施設を経由する路線バスを運行しており、既存バス路線の退出に繋がらないか、車両に対して事故時の不安があるなど、試験運行に疑問が投げかけられました。これに対し、本市はバス事業者と協議を重ねており、低速でインパクトがある魅力的な車両が走行することにより利用者が目的に応じて移動手段を使い分けることが期待でき、新たな公共交通の需要の開拓に繋がるとの考えを示しました。また、安全性については、道路運送車両法に定められた保安基準を満たした車両であり、桐

生市や瀬戸市をはじめ他の自治体においても公道での運行実績があるなど、安全性にも問題がないことを説明し理解を得ることができました。

⑶ 運行内容

　予算化を受け次に取り掛かったのが、運行計画の立案でした。決まっていたのは、沼津駅と沼津港の間を1カ月間無料で直行運行することだけだったので、運行の時期やダイヤ、停留所など詳細な運行計画を練り上げました。まず時期については、当初8月を予定していましたが、暑さ対策に不安を感じ、沼津駅周辺や沼津港でのイベント開催が多い2018年10月6日（土）からと決定しました。そして、ダイヤや停留所については、平日は市民の需要を把握するため運行時間を9時から17時の7往復、わかりやすい1時間に1本のクロックダイヤとして各バス停に停車することにしました。一方、土日祝日は、観光利用が多く夜間需要を確認するため9時から21時の9往復、既存の路線バスのダイヤの隙間を縫って運行することとし、沼津港行きのバスは直通、沼津駅行きのバスは市街地の主要個所で停車する運行としました。

⑷ 調整

　試験運行に向けて関係機関と調整を図りながら、許認可取得や資機材等の準備を行いました。沼津警察署とは、試験運行の内容やバス停の新設などについて協議を行い、低速走行にも理解が得られ、特に問題になることはありませんでした。

　運行業務を委託するバス事業者2社とは、運行日の割り振りや始業点検、運行管理などについて詳細を詰め、運行業務委託契約を締結しました。この中で、バス事業者が懸念していたのは、運行の起終点と車両の保管場所でした。出発地点となるJR沼津駅南口のバス停については、JR東海との協議でバスターミナル内に試験運行専用の乗り場を新たに設置することで許可が得られ、終点の沼津港のバス停については、港湾管理者である静岡県と協議し、沼津港の賑わいにも繋がる取組だと賛同いただき、商業施設の入口付近の絶

好の場所を提供していただきました。そして、車両の保管場所は、沼津駅に隣接した再開発ビル「イーラ de」の地下搬入施設を貸していただき、雨をしのぐことができ警備も整った理想的な保管場所を確保できました。地元自治会や商店街には、会合などで説明し、作成したチラシを全戸に配布するなど周知に努めました。

　様々な関係者との調整は総じてスムーズに進み、聞こえてくるのは試験運行に期待する声ばかりで準備作業にも熱が入りました。余談ですが、当時は3人体制で業務にあたっていて、2人の部下が試験運行の準備を担い連日遅くまで作業に取り組んでいたのですが、作業を通じて信頼を深め合い、めでたく結婚することになりました。低速電動バスが運んだ高速ゴールインとなりました。

⑸ スタート

　運行開始も近づき、市長の記者発表や SNS などによる PR にも力を入れました。試験運行前日には、車両のお披露目式と同時に出発式、マスコミ向けの試乗会も行いました。TV や新聞など多くのメディアに取材していただき、その日の午後には大々的に報じられました。おかげさまで、運行開始日は第1便から満員となり、さわやかな秋晴れのなか幸先の良いスタートを切ることができました。乗車定員が9人であるため、すぐに満員となってしまうことから乗車を断わることも多く、トラブルが起きないか心配しましたがドライバーの丁寧な対応もあり、乗り切れなかった方々にも快く承諾いただくことができました。

　順調に滑り出した試験運行でしたが、1つだけ想定外の事態が発生しました。バッテリーの交換問題です。平日は1個のバッテリーで何とか持ちこたえましたが、休日は2往復多いため途中で交換が必要になりました。バッテリーは重く交換作業には2人が必要で、運転手のほかにもう1人の応援が必要になりました。市の職員が対応することも考えていたところ、交換作業や週末の混雑時のお客様対応など運行に関することはバス事業者が応援体制を整えてくれました。信頼関係を感じるとともに公共交通事業者として

頼もしさを認識した出来事でした。

　試験運行も終盤に差し掛かった頃、市内在住の82歳の御婦人から1通の手紙が届きました。

　「まちなかを走るEVバスを時折目にして乗ってみたいと思っていたところ、ある日偶然乗ることができました。ドライバーや見知らぬ人との会話も素敵で、楽しい沼津が発想されました。世知辛い世相の中、心和ませるこんなひと時が沼津にあったらうれしい。ぜひ継続していただきたい。」

　この手紙だけでなく、アンケートにも同様のあたたかいコメントが溢れました。大袈裟ではなく、こんなにも多くの人から評価された施策には出会ったことがありませんでした。それはアンケート結果にも表れ、次年度への展開を後押しするものとなりました。

⑹ 新展開

　試験運行の28日間で2989人の方が乗車され、定員9人に対して、平均7.1人と高い乗車率となりました。休日のお昼2便は平均9人！それ以外の日中も8人を超えており、乗車を断る機会が多かったことが窺えました。アンケートの回収率も96.5％と高く、開放感がある、また乗りたいなど好意的な感想が95％を上回りました。不安だった低速走行も十分な車道幅があったことから、後続車に道を譲ることができ、渋滞を発生させることもなく、予定よりも短い時間で運行することができました。そして何より2つの拠点を新たなモビリティが繋いだことで、おでかけの機会が創出され、公共交通の新たな需要の掘り起こしにも寄与することが確認できました。

　この結果を、運行業務を委託したバス事業者に提供し、次年度への展開を模索しました。その頃、国でグリスロの車両購入費補助制度が創設されるとの情報を得たため、バス事業者が車両を購入して路線バスとして運行できないかと提案しました。そこで、本格運行を了承してくれたのが伊豆箱根バス（株）でした。この車両単体では採算は取れないが、ダイヤ編成や運営ノウハウなどを活かして黒字を目指すと力強く賛同してくれました。行政が実施する社会実験の成果を事業化することは困難なことが多いですが、沼津のま

ちづくりのためになればと決断してくれた伊豆箱根バス（株）に感謝いたします。

(7) 最後に

　導入する車両は「eCOM-10」をベースに20人乗りに改良し、暑さ対策のためミスト噴霧器を搭載する（10頁参照）などオリジナルな仕様です。車両デザインは深い駿河湾をイメージした濃紺カラーに金文字のロゴを施し、御用邸が造営された沼津らしく気品あふれるデザインとしました（4頁参照）。そして2020年3月18日、無事路線バスの運行を開始しました。民間バス事業者がグリスロを取得して路線バスとして運行するのは全国初の試みでした。

　本市は現在、鉄道高架事業を核とした沼津駅周辺総合整備事業の進捗に合わせ、従来の自動車中心の都市構造から人と公共交通中心の公共空間の再編に向けて歩みだしたところです。単に移動サービスを提供するだけでなく、コミュニケーションツールやアトラクション的な要素を兼ね備えたグリスロは、移動の質を充実させる新たなモビリティとして大いに期待しています。"ゆっくりを楽しむ"まちづくりに向けてグリスロが沼津の未来を明るくする！

図1　まちなかを駆けるグリスロ

図2　本格運行出発式（デザイナーさんと）

海の風を浴びて、復興後の小名浜を巡る
ハワイアンモビリティ

いわき市元総合政策部創生推進課公民連携グループ　　鈴木祐太

福島県いわき市は、東北地方の
太平洋側の最南端に位置し、寒暖
の差が比較的少なく、温暖な気候
に恵まれた過ごしやすいまちです。
2006 年公開の映画「フラガール」
の舞台にもなった「スパリゾート
ハワイアンズ」は本市の観光拠点
であり、国内のフラ文化発祥の地
として「フラシティいわき」をブ

図1　小名浜地区×グリスロ

ランドメッセージに据え、まちづくりを進めています。2011 年 3 月の東日
本大震災からの復興、そして、地方創生の推進を図ることを目的に、2018
年度国交省実証を皮切りに、2019 年度環境省・国交省「IoT ×グリスロ実
証」に取り組んでいます。

(1) グリスロとの出会い

グリスロ（低速電動バス）の存在を初めて知った時、本市が進める東日本大
震災からの復興に向けたまちづくりと親和性が高いモビリティであると感じ
ました。電気自動車（EV）であるグリスロの活用が、復興政策の柱ともなっ
ている再生可能エネルギーの推進につながると思ったからです。また、ハワ
イを走るトローリーバスに似た開放的な車両特性が、「フラシティいわき」
とマッチし、シティーセールスの推進につながると感じました。本市とグリ
スロとの出会いは、まさに運命だったのかもしれません。

(2) 実証のポイント

2019 年度小名浜地区での実証は、86 日間で 1726 人の乗車となるなど、
公共交通実証に成功例がない本市にとっては、想定を大幅に上回る成果とな

りました。その要因は以下４つのポイントにあったのだと思います。

Point1 地域課題と実証目的の整理

　実証エリアの小名浜地区は、重要港湾「小名浜港」や観光施設が集約する県内有数の観光エリアです。東日本大震災後の復興事業により大型商業施設が誕生し、エリア全体の魅力が高まった一方で拠点間を歩いて移動するには不便なため、地域全体の活性化に向けて回遊性を高める仕組みづくりが課題となっていました。さらに、観光エリア周辺の住宅地は高齢化率が高く、交通不便地域となっているため、高齢者等の移動手段の確保が課題となっていました。そのため、グリスロを活用し、観光等の来訪者及び地域住民の交通利便性、そして観光エリアの回遊性の向上を目的に実証を行うこととしました。

Point2 地域の声を反映した実証計画の策定

　実証体制は、「小名浜まちづくり市民会議」、「いわきタクシーグループ」、「ソフトバンク株式会社」、本市の４者で構築しました。各者が有する知見を最大限に活かすため、何度も協議を重ね、認識の共有を図ることで、実証を円滑に進めることができました。特に、実証計画の策定に関しては、"地域の声を反映させることが重要"であると考え、「小名浜まちづくり市民会議」を中心に検討を進め、利用ターゲットを想定し、運行形態や乗降ポイントの選定を行いました。その結果、平日は、地域住民の買物や通院等による利用を想定したデマンド運行。土日祝日は、周遊観光も想定した定時定路線型の巡回運行とし、乗降ポイントは、計20ヶ所を選定し実証を開始しました。実証後半、利用者から乗降ポイントを追加してほしいとの要望を受け、４者で協議・調整を行い、さらに３ヶ所乗降ポイントを追加。地域（利用者）の声を大切にしたことが利用拡

図2　小名浜港を運行するグリスロ

大につながりました。

Point3 グリスロの特性とマッチした ICT システムの活用

今般の実証では、ソフトバンク株式会社から委託を受けた MONET Technologies 株式会社の配車・運行システム等を活用しました。「車両位置情報・乗車数の可視化」「相乗りによる効率的な輸送」「乗車特典サービス協力店の紹介」「車内サイネージを活用した地域情報の発信」など、利用者の利便性向上に資する機能を搭載。利用者や運行事業者の要望等を聞きながら開発を進めたことで、利用者にとって満足度の高いグリスロシステムの構築につながりました。

Point4 ハワイアンモビリティ感の演出

車両に設置する横断幕、ホイルキャップ、座席シート、バス停などを「フラシティいわき」のロゴマークで統一し、ハワイアンモビリティ感を演出しました。また、いわきタクシーグループのグリスロドライバーが、シートクッション等を設置したことで、より快適で楽しい空間が作られました（6頁参照）。

観光等の来訪者からは、「景観の美しさや潮風の香りを感じることができた」「観光拠点間の移動が便利になった」といった意見があり、住民からは「自家用車を使わずに移動できて便利」「外出が楽しくなった」など、好意的な意見を多くいただきました。また、利用者アンケートでは「本格運行後も利用したい」という声が9割を占めた。課題面の意見としては、「便数の拡充」や「利便性向上」といった、前向きな意見が多く、概ね高評価でした。

⑶ グリスロによる新しい公共交通活性化の可能性

いわきタクシーグループでは、グリスロ利用者が増えることで、既存のタクシー事業に影響が生じるのではないかと、不安を抱えていたと聞いています。しかし、実際のグリスロ利用者は、タクシー等の既存交通からの転換ではなく、これまで自家用車で移動されていた方が多く、グリスロが新しい移動サービスとして確立されれば、既存交通と共存し、新たな移動需要を喚起させ、公共交通全体の活性化にもつながると、当初の不安を解消し、新たな

可能性を感じたようです。また、コミュニケーションを創出するグリスロの特性は、ドライバーさんとお客さんとの距離感を縮め、実証最終日に地域の方々から手紙等がプレゼントされるといった、これまでにはない光景が見られ、驚いたと聞いています。

図3　ドライバーさんとのコミュニケーションが自然と生まれる

⑷ 苦労した点・その対策

　実証で最も苦労した点は、平日のオンデマンド運行時における高齢者の利用促進です。実証開始当初、利用が伸び悩む中、ドライバーさんが中心となり、スーパーや高齢化率の高いエリア内で戸別訪問しながらチラシ等を配布いただいたことは驚きでした。また、それは刺激となり、市においても、社会福祉協議会等と連携しながら、高齢者向けの利用説明会や乗車体験企画等を実施することになりました。さらに、小名浜まちづくり市民会議主催のクリスマスイベントでは、ドライバーさんがサンタの衣装に身を包み、グリスロ実証のPRを行いました（17頁参照）。

　こうした取組みの積み重ねによって、徐々に利用者が増え、その後、高齢者が誘い合って団体で食事や買物に利用するといった傾向が多く見られるようになり、新型コロナウイルスの感染拡大が懸念され始めた状況下においても利用者が増え続け、実証開始前の想定を大幅に上回る結果につながりました。さらに、利用促進方法や実証の進め方、将来の事業化など、何度も実証チーム内で意見交換を行う中で、徐々に一体感が生まれ、「この実証を成功させたい、事業化につなげ地域課題を解決したい」という熱い想いが沸いてきたことを覚えています。その一体感も良い結果につながった要因の一つではないかと感じています。

⑸ さらなる実証エリアへ

　2020年7月、新型コロナウイルスの影響で予定より時期が遅れたものの、本市中心市街地のいわき駅周辺地区で実証が開始されました。まちなかの情報がいっぱい詰まったおもちゃ箱のようなバスをイメージし、地域主体の「たいらまちづくり会社」によって「トイボ」(toy box) という愛称が付けられました。実証開始直後から日々多くの方に利用いただいています。夏祭り等のイベントが軒並み中止となる中、街なかを歩く人の手には、たいらまちづくり会社が製作したグリスロ団扇（10頁参照）が握られ、グリスロを見かけると笑顔で団扇を振る光景がみられ、コロナ禍で賑わいが薄れた中心市街地の主役となっています。今後、グリスロを活用したまち歩き企画の実施のほかキャッシュレス決済の導入が予定されるなど地域課題の解決、そして事業化に向けた取組みが進められていくことになります。

⑹ グリスロがもたらした新たな展開

　多くの交通課題を抱えながら、解決の糸口を見出せずにいた本市にとって、今般のグリスロ実証は、閉塞感が漂っていた本市の交通政策における希望の光ともいえる成果となりました。グリスロが走ると地域全体が笑顔になり、コミュニケーションが生まれるといった、他のモビリティにはない魅力があり、その効果から、新たな連携やまちづくり企画が生まれます。さらに、グリスロの事業化に向け、MaaS等の新たな取組みが計画されるなど、交通施策全体が良い方向に展開し始めているのを感じています。グリスロとの出会いに感謝するとともに、本市のように交通課題を抱え、悩んでいる地域の皆様には、ぜひ、グリスロを！と伝えたいです。

図4　祝！トイボ乗車1千人達成!!

尾道市長が語るグリスロの魅力
──おしゃれなモビリティが街を変える──

広島県尾道市長　平谷祐宏

尾道市長インタビュー

　グリスロの特徴は何といっても開放感とそのスタイルです。ゆっくり走ることで普段とは違う景色を知ることができます。この特徴は、尾道の海岸線、商店街、狭い路地といった街並みに見事にマッチしています。このグリスロの効果的な導入方法を検討するため、尾道市は民間企業と「コンソーシアム*」を組み、2019年秋から実証事業に取り組んでいます。「選ばれる尾道」と「地域の価値向上」をテーマに尾道のまちづくりを推進する平谷祐宏尾

図1　平谷祐宏尾道市長

道市長に、グリスロの魅力とグリスロを活用したまちづくりの可能性について話を聞きました。

──なぜ尾道にグリスロを導入しようと思われましたか。

平谷　尾道は島が多いんですが、島しょ部の交通インフラをどのように考えていくべきかという問題がありました。グリスロに出会う前、ヤマハ発動機さん、建築家の伊東豊雄さんたちが隣の大三島でゆっくり動くモビリティを使った島づくりに取り組んでいるのを見まして、何か新しい、夢のある展開ができるのではないかと思っていました。ちょうどその頃、復建調査設計の川上さんからの紹介でグリスロを初めて知り、国交省のシンポジウムに行かせていただいたのが最初の出会いですね。尾道市は市町合併によって中山間地域が広くなり、地域の交通が非常に課題になっています。この課題を解決できるものを求めていました。単なる移動手段ではなく新しい乗り物で、島しょ部の美しい多島美を楽しめないかとも考えていました。そうしたとき、グリスロの取組みを知って"いけるな"の印象を持ちました。新しい乗り物

は、"楽しい"というキーワードがないと、なかなか普及しない。ヤマハの技術者が「自分たちはバイクや自動車など速い乗り物はずっとやっていたが、時代は速さではない、時代は逆だと。いかにゆっくりとして、時間をスローに楽しむかが開発のコンセプトだ」と話されていて、それが、尾道の島しょ部の空気感と合い、新しい生活のスタイルであるといった印象を持っていました。

――グリスロの何が尾道に合っていると思われましたか。

平谷　ゆっくり夕日が落ちていくとか、朝日が昇ってくることを共有できるようなスピード。これが"環境や人に優しい"ということになる。これからは、速さだけを追求していく社会ではなくて、逆に時間を共有できてゆったりできるということが、新しいライフスタイルとして求められる。それが、尾道の道幅が狭い道路やそこにある歴史的景観とか、人が連なりながら会話する風景にピッタリ合っているのです。楽しい乗り物に乗るために、"乗ること"を目的にやってきてもらう。乗り物を少し変えるだけで、移動も楽しくなるし、来られる方も楽しみの幅が広がってくると思います。道幅の狭いところを走っているグリスロは、尾道のどこで写真に撮っても絵になっちゃうんですね。

――尾道で導入がうまく行ったポイントは何だと思われますか。

平谷　実証事業を始める上で、行政と民間のパートナーシップで事業を構築できた点は大きかったと思いますね。JR西日本の内藤さんをきっかけに、JR西日本さんが中心となってプランニングしてくれたのですが、たぶん、彼らとの出会いがなく、行政だけだったら、コンソーシアムを組織できなかったし、グリスロもここまでうまくいかなかったでしょうね。グリスロの車両は、普通、白でしょう。それをJR西日本さんが2台の車両の色をそれぞれ赤色と黄色、後部は

図2　実証事業開始式テープカット

"せとうちタータン"の緑のチェック柄にカラーリングした。備三タクシーさんは乗務員さんの制服まで拵えた。それをみてグリスロを運転したいと、備三タクシーさんへ入社された方もいる。このように、官も民も同じ目線で一つのグリスロ事業に取り組んでいることが尾道の大きな強みなんです。

——地元の方の反応はいかがですか。

平谷　当初、実証事業の乗客ターゲットは観光客を先行させて、それから市民に広げていくというのが私たちの戦略でした。でも、意外に地元のおじちゃんやおばちゃんが興味を持って乗ってくれたんです。地域の方の移動手段になっているんです。スピードがゆっくりで、運転手さんが意欲的に乗っているので話が面白くて、乗っている人もワイワイ話をしながら乗れる、"楽しい"乗り物なんです。それから低床なので、高齢者に安心感があるんですね。

——尾道駅前のグリスロ路面サインには驚きました。

平谷　尾道に来た観光客へグリスロの存在を知らせる工夫の一つとして、駅前のグリスロ停車場に路面サインを設置しました（6頁参照）。これは、尾道市政策企画課の職員が発案したんですが、このような工夫は全国初の取組みだそうです。こういうアイディアが職員からもいろいろ出てきて、形になっていることがすごいですね。

——市長はグリスロを一言で言うとどう言うものだと思いますか。

平谷　尾道には、若い女の子のカップル、グループがたくさんいらっしゃるんですけど、女性が"おしゃれ"で"かっこいい"と思う乗り物が絶対必要だと思うんです。今、尾道の乗り物の中で一番でおしゃれなのは、グリスロですよ。"おしゃれ"と"楽しい"の両方を担っているのが、グリスロの価値のような気がしますね。尾道は、リピーターのお客さんが歩いて楽しい街だし、"いつも何か新しいことがあるよね"の中に、このグリスロが息づいているんですよね。

——これから尾道のグリスロをどう発展させていきたいですか。

平谷　目線が同じコンソーシアムの仲間から、"柑橘畑の農道を走らせる"、"狭い集落を走らせる"、"宿泊施設の送迎に使える"、"グリスロのレンタカ

ー・カーシェア"など様々な新しいアイデアが出て、新たな可能性につながってきています。実証事業で終わらせるのではなく、様々な用途に合わせた使い方を段階的に試みて、尾道エリア全体に拡張していきたいですね。

（記：復建調査設計㈱　藤田章弘）

教えて、尾道のグリスロ！〜市職員の奮闘記〜

尾道市企画財政部　政策企画課　稲田吉弘

尾道グリスロのカラーは？

　1台は尾道市の市章の色である「朱色（広島カープの色と諸説あるが…）」。もう1台は2020年夏に運行する瀬戸田の特産レモンの「レモンイエロー」です（2頁参照）。運行開始に向けた準備期間中の試走では、観光客や地域の方からも大注目でした。とても明るい色なので、グリスロが走っているだけで街が元気に見えると、地域の方々にも評判です。

運行ルートを考えた時のポイントは？

　運行ルートは、尾道駅とそこから約2km離れた国宝浄土寺を着拠点とし、まずは観光客に多く乗ってもらえるよう金土日・祝日の運行としました。この2kmの間には商店街や千光寺を含め楽しめる場所がたくさんあり、尾道をもっと知っていただき、滞在時間を増やすのが狙いでした。実際、浄土寺住職のお話によれば、グリスロ運行日には、浄土寺への参拝者が増えているそうです。

安全と宣伝を一度に解決？

　ルートの選定には悩みました。車両メーカーから他の運行地域と比べて車の通行量が多いからと見直しを勧められた「海岸通り」は、尾道駅に直結する道路である上、のどかな港町の雰囲気とともに潮風の心地よさを感じられるグリスロの特徴を最も活かせるルートでした。尾道のグリスロ成功には海岸通りの通行がマストであり、とはいえ万が一事故が起こってしまえば、この事業継続は困難となります。

　安全性を高める良い方法はないかと夏の夕暮れに海岸通りを歩いていると、

道路脇の歩道に一定の間隔で設置されている街灯が目につきました。「ここに低速で走るグリスロを紹介する旗をバナーのような形でぶら下げてみてはどうだろうか？運転する方からよく見えるのではないか？」道路管理者へ相談すると渋い表情でしたが、法規制をクリアし、安全性

図3　国宝浄土寺山門前に停車するグリスロ

が確保できる素材で固定することで何とか了解を得ました（6頁参照）。

　安全運行のために設置したバナーでしたが、グリスロの宣伝にもなったようです。バナーを見てこの車は何だろうと思っていると、その車が海岸沿いを走っている…初めて尾道に来られた方にはとても印象に残るのではないでしょうか。

瀬戸内の島でも走ってみた

　2年目の夏には、瀬戸内海に浮かぶ生口島の玄関港、瀬戸田港周辺でも運行しました。鉄道で尾道駅へ着き、駅前から船で瀬戸田に渡り、グリスロで島内を周遊するマルチモーダルの検証が目的です。また、これらをシームレスに連携させることで自動車の利用を抑制し、環境にやさしい観光の実証も可能になります。今後、グリスロ利用を前提に自動車ではなく船で瀬戸田まで来ていただけることになれば嬉しい限りです。

将来に向けたこれからの課題

　グリスロは開放感が魅力です。天候の影響を大きく受けるこの特徴をどう活かすか。また、運行継続のための収支バランスなど、検討すべきことはまだまだたくさんありますが、グリスロを観光客と地域住民の移動手段として定着させていくことが大切だと考えます。

注
＊ 尾道市、西日本旅客鉄道㈱、備三タクシー㈱、本四バス開発㈱、㈱せとうちブランドコーポレーション、㈱電脳交通、㈱日本総合研究所

宮崎駅と商店街を結ぶ　大人気まちなか回遊グリスロ

宮崎市元観光商工部商工戦略局商業労政課まちなか活性化室　**池袋耕人**

「昨日の『がっちりマンデー！！』見た？」

朝からワクワクした様子の課長。

「見ました！グリスロですよね。宮崎市のまちなかに合いますよね！」

同じくワクワクしながらまくし立てる私。

2018年11月19日、あの月曜日の朝から宮崎市の挑戦がはじまりました。

長年の課題が解決するかも⁈　グリスロとの出会い

宮崎市は2008年に中核市になり、その後2度の合併を経て、人口が約40万人に増えました。人口が増えても、郊外居住と自家用車移動、郊外型の大型商業施設やロードサイド店を中心とした消費行動により、中心市街地は空き地や空き店舗、駐車場が目に付くような状況。特に、宮崎市の中心市街地には構造的な課題がありました。それは、バスや電車の交通機能が集まる宮崎駅周辺と、商店街や飲食店、商業施設が集まる橘通周辺の距離が800〜900mあること。

雨が降れば歩かない、寒くても歩かない、晴れたら暑いから歩かない、私も含めて自家用車移動が基本の宮崎人。1km未満の距離ですが、2つのエリアを繋げることが中心市街地の活性化には絶対に必要です。2008年に策定した中心市街地活性化基本計画にも、「回遊性向上が課題」と大書してありました。

この長年の課題を解決するために、移動を楽に、楽しくする乗り物はどうだろうと色々調べていました（セグウェイや電動キックボードなどなど…）。そんなとき、国交省のホームページに、見慣れない「グリーンスローモビリティ」の文字。導入のポイントや実例をまとめた資料などを見れば見るほど、私の中ではグリスロがまちなかを走り、まちが変わっていくという未来像が膨らんでいました。

そんな中で、冒頭の課長との会話でした。GO！GO！グリスロです。

まちをテーマパークに

　さらに、宮崎市のまちなかの変化が後押しします。2020年秋、宮崎駅周辺に、「JR九州」と地元のバス会社「宮崎交通」による大型複合商業施設「アミュプラザみやざき」が開業する計画。商業機能が集まる橘通周辺に加えて、交通機能に商業機能が付加された宮崎駅周辺という核ができます。これまで以上に回遊性の向上の重要性が増していました。

　もう一つ理由があります。「最近まちなか行った？」と周囲の人に尋ねても、「ニシタチ（人口あたりのスナック数が全国一位とも言われる歓楽街）には行くけど」「半年以上行ってないなぁ」「行きたいお店がない」と寂しい答え。

　でも、私が知っているまちなかには、素敵なお店が沢山あります。「5つ星お米マイスターの米屋」「宮崎発のショートパンツを全国販売する洋服店」「歴史ある帽子屋」「何でも揃う画材屋」「スペシャリティコーヒー店」「山師カフェ＆コワーキングスペース」もちろん「チキン南蛮の名店」も。そして、素敵な人たちが沢山います。少し入りにくいお店もありますが、「テーマパーク」のように面白いまちなか。そんなまちなかの魅力を伝えるためにも、新しい取組みを組み立てたいと思っていました。

やっちゃえグリスロ！（その1）

　早速、「グリスロ」の検討をはじめました。まず考えたことは、駅から東西に延びる高千穂通の歩道（約5m）のうち、自転車道部分（約2m）をカート型で走行するプランです。私達は、「まちなかというテーマパークをグリスロで巡る」ビジョンを持ちました。グリスロが、自転車のようにまちのモビリティとして活躍する。歩行者と自転車、グリスロが共存するまちなか。考えれば考えるほど素敵です。一気に企画書に落とし込み、意気揚々と関係機関や警察等に説明に行きました。一瞬の間があり、いただいた回答は…

　「グリーンスローモビリティは車両です。車両は歩道走行不可ですよ。」

　今となれば笑い話ですが、スタートはそんなレベルでした。警察から丁寧にご説明いただき、肩を落として帰ったことを思い出します。

eCOM–8^{2}で行こう

　改めて車道を走行するプランの検討を開始しました。車道を走行するプランで注目したのは eCOM–8^2。関係者からは「ユニークな外見が面白い」、「かわいい」という声があり、まちなかの特性に合っているという意見で一致しました。

　そんな中、突然のお知らせ。「国交省、実証実験やるってよ。」

　企画提案書の提出まで残された期間は約 1 ヶ月。庁内や関係機関の調整、運行体制や検証項目の検討、予算の積算など、企画提案書の作成までにやることリストは増える一方で、怒涛の 1 ヶ月間でした。正直に言えば、企画提案書提出時点では未着手事項もあり、不安の声もありました。それでも、特に商店街を中心とした関係者の期待が背中を押してくれました。企画提案書は、雨の中、中央郵便局まで走り、速達で提出しました。それぐらいギリギリでした。

悩んで、走って、汗かいて

　実証調査に向けて、関係団体、特に交通事業者や警察との調整を進める中で、課題は増える一方でした。一番は、速度が遅いことで渋滞を引き起こすのではないかという懸念です。交通量等の統計データを分析すると、問題は少ないと思いましたが、説得材料としては少し弱いところ。そんな時、警察から「実際に走ってみたら?」という提案をいただきました。早速実行です。

図1　宮崎の街なかを走るグリスロ

休日、平日、時間帯を分けて試走を繰り返しました。公用車なので、時速 19km 以下を維持するのが難しく、後続車両の訝しげな視線に冷や汗もかきました。さらには、車両前方と後方をスマホで撮影し、アプリで編集して検討委員会で見てもらう

など、考えられることは何でも実行しました。グリスロを理解してもらうために、汗をかいた夏でした。

グリスロを中心に広がるつながり

刻々と近づく実証調査の準備を力強く支えてくれたのは、まちなかの人、関係者、職場の上司や同僚たちでした。実証調査と連携して、まちなかを楽しんでもらうクリスマス抽選会を企画運営してくれたのは、中心市街地のまちづくりを進める「Do まんなかモール委員会」。景品は商店街や大型店、関係団体等から数多く協賛いただきました。私のダサいロゴを見かねて、素敵なロゴや乗車チケットをつくってくれたデザイナーの後藤さん。お洒落な停留看板をつくってくれた宮崎県建築士会のみなさん。関係団体もそれぞれ自らポスターを印刷して広報してくれました。検討委員会に関わる団体と、市民も含めて一緒に作り上げた実証調査でした。

実証調査は、目標としていた 2000 人を大きく上回る 5901 人に利用いただき、アンケートも 1958 人から回答いただきました。子どもたちが、まるで遊園地の乗り物を楽しむかのように目を輝かせてグリスロに乗り、家族と一緒に外の景色を見ながら会話をしていた光景。久しぶりに人であふれた商店街。アンケート結果も好評で、このことが導入を強力に後押ししました。そして、何よりも大きな成果は、一緒に作り上げた経験でした。

グリスロは、歩くより楽です。荷物を持っていても大丈夫。窓がないので、まちの変化や空気感をダイレクトに感じながら移動できます。雨が降っても、暑くても屋根がありますし、窓から入ってくるのは心地よい風や美味しそうな料理の匂い。開放的な車内では、会話も盛り上がります。「まちなかというテーマパークをグリスロで巡る」

図2　グリスロロゴが入ったお洒落な乗車チケット

ビジョンは、実現に向けて着実に進んでいます。

やっちゃえグリスロ！（その2）

　新しい挑戦もしています。歩行者専用道路を運行してほしいという声が多く、車両サイズの模型を作成して関係者で現地確認をしました。現状では実現が難しいという判断でしたが、商店街が話し合って運行の支障となる枯れた植栽を切り、道路上に看板等を置かないようにすることで実現に向けた障壁を無くしてくれました。商店街の期待も大きく、いつか実現したい挑戦です。

グリスロで人にやさしいまちへ

　同じネコ科でもライオンとネコは違います。同じ車両でも自動車とグリスロは違うと思います。グリスロは、環境にやさしく、コミュニケーションを活発にする、情緒的なモビリティだと考えています。そして、何とかしたくなる不思議な力があります。関わる人が自然と増える魔法も持ってます。それは、今のまちを取り巻く変化と無関係ではないように思います。「大きく、強く、計画的に」から、「小さくても、しなやかに、実験的に」というまちの変化。効率性だけでなく、余白や、余裕、精神的な豊かさが求められているように感じています。

　速い車、遅いグリスロ、鉄道、人、自転車、車イス、多様な移動手段が許容されるまちは、多様性を認める、人にやさしいまちではないでしょうか。宮崎は、そんなまちを目指して、グリスロを運行しています。九州初の取組であり、対象車両が国庫補助対象から外れるという苦労もありましたが、少しづつ前進しています。グリスロは導入がゴールでなく、導入からがスタートです。大きな課題が発生してくじけそうになることもあります。そんなとき、解決に向けて汗をかいていると、少しずつ一緒に動く人が出てきます。グリスロを触媒にして、人にやさしい素敵なまちを育てる取組みを全国に広げていきましょう！　ぜひ、宮崎にも遊びに来てください。

2. 観光モビリティ

IKEBUS で大都市池袋をリブランディング

東京都豊島区長　　高野之夫

高野之夫豊島区長インタビュー

　「グリスロは田舎の乗り物」という印象をお持ちの方も居られると思いますが、実は大都市池袋のど真ん中でもグリスロが走っています。再開発が進む池袋の街の見どころを巡回する IKEBUS（イケバス）は、ユニークなデザインも特徴的です。今や「池袋の顔」になりつつある IKEBUS 導入にあたって強力なリーダーシップを発揮された高野之夫豊島区長に、グリスロの魅力と可能性について話を伺いました。

──まず、IKEBUS（イケバス）を導入された経緯について教えてください

高野　もともと、豊島区では池袋周辺で LRT（Light Rail Transit：次世代型路面電車）の整備を構想として掲げていました。しかし、LRT の導入には膨大な事業費がかかります。また、東京オリンピック・パラリンピック等の国際イベント等も多く控えており、池袋を来訪される方の増加が見込まれる中、できるだけ早く「まちの回遊システム」を整備する必要がありました。そのため、建設に時間のかかる LRT を待つわけにもいかず、電気バスによる運行を決めました。そういった経緯で誕生したのが IKEBUS です。現在、2 つのルートで池袋にある 4 つの公園など、主要施設や観光スポットを回っています。

──グリスロは田舎の乗り物という印象をお持ちの方も多く、池袋のど真ん中でグリスロが走

図1　関係者で安全確認を行いながらの実証実験

図2　高野之夫豊島区長

ってますよとお伝えすると、皆さん驚かれます。

高野　池袋駅周辺は交通量が多いので、他の交通もあまり速度が出ておらず、時速19kmで走っても邪魔にならないんですよ。そういった意味ではむしろ地方よりもグリスロが走りやすい街なのかもしれませんね。それから、こういった低速で、乗って楽しいバスが走ることで、まちが元気になったのを実感しています。このバスはお互い両側に向き合って座るんですが、これがコミュニケーションが生まれるきっかけになっています。全然見ず知らずの人も一緒に乗ったらお互いに顔を見せるから自然と会話が生まれます。デザインを担当された水戸岡先生は、まさにコミュニティが生まれるバスだということを力説されていましたね。

――一方で過去には23区で唯一の消滅可能性都市に指定されるなど、区のまちづくりにおいてはこれまで苦戦されたこともあったとお聞きしています。

高野　6年前に消滅可能性都市に指定されたときは、頭が真っ白になりました。ですが、私はこれが1つのテコとして、「これはいろんな政策がここで思い切って転換できる」とも思いました。ピンチを逆にチャンスに変えていくという考え方です。先日、2020年7月17日に豊島区は内閣府から「SDGs未来都市」と「自治体SDGsモデル事業」のダブル選定をいただいたのですが、このSDGs提案の中でも、「消滅可能性都市から持続可能都市へ」というコンセプトを前面に出しました。この、魅力ある持続可能なまちづくりを検討するにあたっては、ハードの整備だけでなく、ハードを繋ぐ「動くもの」の整備も重要でして、そういう意味で、この「動くもの」であるイケバスは池袋の街を再び華やかに夢拓いていくための重要なツールだと思っております。イケバスがなかったら今回のSDGs選定はなかったかもしれません。

――区長が初めてeCOMをご覧になった感想はどうでしたか。

高野　タイヤがたくさんあって、ゆっくり走りますよね。第一印象は「かわいらしいな」でした。また、電気で動きますので低公害ですし、音も静かですよね。こういった電気で動くバスが今後の池袋のまちの主流になるんじゃないかなと直感しました。実際にイケバスに乗っていただければ分かっていただけると思いますが、普段歩いてるときの風景とイケバスに乗って見る風景はまた違った魅力が感じられます。また、先ほども申しましたが、お互いに向き合ってコミュニケーションがとれますし、車いすでも乗れます。どなたにとっても乗ると心がゆったりできる乗り物、こんな乗り物が池袋を走ったら、きっとまちが変わるだろうなと思いました。

――池袋という街だからこそイケバスが活きたと感じられますか。

高野　池袋は超高層ビル街と思われるかもしれませんが、実は新宿、渋谷と違って、緑の多い公園を中心に「四季を感じられる街」だと思っています。大都会の大きなビルの中は365日温度が一定していて快適ですが、四季が感じられませんよね。私は、暑いときは暑いし、寒いときには寒いと感じられる街が池袋だと考えています。イケバスには冷暖房がなく窓を開けて外の風を取り込みます。雨が降ったらカバーを下ろすのが少し大変だったりもするのですが、そういった四季を感じられることが、生きている人間の証拠じゃないかと思うんですよね。より多くの人に池袋の「四季」という魅力を感じてもらうためには、イケバスが最善だと思いました。

――区長はグリスロを一言で言うとどういうものだと思いますか。

高野　「人生が楽しくなるもの」です。せかせかして時間に追われている生活の中で、人間本来のゆとりがあってのんびりと過ごす時間も必要ですよね。グリスロを活用することでそのような、「人間らしくのんびり過ごせる時代」を作っていきたいと思います。

――最後に、ほかの地域でグリスロを導入されようとされてる皆さまに、もしアドバイスが何かあればお願いします。

高野　門戸はいつでも開いておりますので、ぜひ豊島区の取組みを見にきて、体験していただければ幸いです。豊島区のまちづくりの大きな特徴は、「常に挑戦している」ことと「行政がまちづくりをリードしている」ということ

ではないかと思っています。意欲をもって常に挑戦している元気な職員がたくさん居ますので、ぜひお気軽にお越しください。

（記：復建調査設計㈱　吉野大介）

IKEBUS 部長も語る
大都市池袋で低速車両 IKEBUS を走らせるということ

豊島区　土木担当部長　**原島克典**

　LRT に代わる車両を検討する中で、「話題性があるもの」「池袋の街の魅力を向上させること」「環境に配慮していること」「気軽に乗れること」などがキーワードとして出され、それらに合致する車両を検討しているうちに e –COM にたどり着きました。つまり、当初から低速の車両を入れようと思っていたのではなく、池袋駅周辺の移動システムを検討する中で出会った車両が偶然にも低速だったということです。最高時速 19 km という低速のモビリティを池袋のど真ん中で安全に走らせるということは簡単ではなく、実現にあたっては実はいろいろな苦労がありました。

　まず、これだけ公共交通が発達しており、タクシーもたくさん運行されている「大都市池袋」でグリスロを新たに導入しようとすると、白ナンバーでの自家用有償旅客運送での導入は交通事業者等の理解が得られません。そのため、緑ナンバーを取得し、通常のバスと同じように、停留所を作って運賃をとれる路線バス（一般乗合旅客運送事業）として運行する必要があると考えました。しかし、当時グリスロを緑ナンバーで走らせている事例は全国で一例もなく、実現に当たっての関係者の方々との説得・調整には特に苦労しました。

　まず、警察をはじめとする関係者の現地確認のため、事前の試走は 2017 年から 6 回実施しました。また、安全のため、大きな交差点での右折は避け、ルートは左回りを基本としました。道路が混雑する朝のラッシュ時の運行も避けました。停留所の設置に当たっても、警察と何度も現地確認を行い、安全に乗降できるのはもちろんのこと、他の交通への影響が少ない場所を選定

しました。交通事業者の皆さんとは、区が事務局として運営している地域公共交通会議を通して議論を重ねました。池袋の場合、基本的に駅から放射状にバス路線が整備されておりますが、IKEBUSは中心部を巡回する形で路線を設定していますので、バスやタクシーとの役割の違いについて丁寧に整理し、説得を重ねました。

IKEBUSのもう一つの特徴は、運行事業者を公募により選んだ点にあります。複数事業者の応募をいただきましたが、結果的に、現在運行を担っているWILLER株式会社を選定しました。同社はご存知の通り全国の高速バスの運行を手掛けている会社ですので、池袋のまちに高速バスで人を呼び込み、地域内はIKEBUSで回遊させるという一連の移動を支援できるという強みがあった点がポイントでした。なお、IKEBUSの運転手には女性も6名（執筆現在）含まれています。IKEBUSはほかのバスと比べて運行時間帯が限定されているため、勤務時間の観点から女性にも勤務しやすい環境にあるとお聞きしています。また、「この特別な車両だから運転したい！」という運転手もいるようで、嬉しく思っています。

IKEBUSは低速なのに加え、一般的なバスと比べると乗車定員も少ないので、収益の確保は大きな課題です。区・WILLERが中心となり、SNS等も活用して周知広報を行っているほか、利用者の意見を踏まえ、運行内容は柔軟に変更することで利用者の確保に努めています。また、「地元に育ててもらう」というコンセプトのもと、池袋周辺の企業・大学等の方々から応援をいただく「サポーター制度」を導入しており、現在22団体にご協力をいただいています。また、1台丸ごと貸切り、区内を巡ることができる貸切バス事業も運営しており、自由にIKEBUSの使い方を考えていただくこともできます。これ以外にもIKEBUSのポテンシャルはまだまだあると思っていますので、これからも知恵を出していきたいと考えています。

IKEBUS導入に当たっていろいろと苦労はありましたし、まだまだ利用を増やしていくという課題はありますが、乗った人や運転手の笑顔、街ゆく人が興味深そうに振り返る姿など、IKEBUSが池袋の「新たな顔」になりつつある様子を見ていると、これまでの苦労が報われる気がしています。

グリスロで車を削減、人と環境にやさしい温泉まちづくり

一般社団法人でんき宇奈月　専務理事・事務局長　**町野美香**

　宇奈月温泉は、黒部峡谷鉄道トロッコ電車の始発駅がある自然豊かな観光地です。そして、宇奈月温泉の発展は、黒部川の電源開発の歴史と共にあり、古くから水力発電と関係が深い地域です。しかし、バブル景気崩壊後は、年々入込客数が減少してきました。また、交通手段が公共交通機関である電車から貸切観光バスや自家用車に移行したことで、大型バスや自動車による排気ガスの放出は、温泉街付近の清涼な空気を汚し自然豊かな温泉地というイメージを損なっており、観光客のニーズとのミスマッチが生じています。さらに、まち歩きする観光客の安全面の問題も指摘されるようになっていました。そんな中、2009年3月、国交省の「建設業と地域の元気回復助成事業」の募集が行われ、宇奈月温泉にある建設会社が「宇奈月温泉における小水力発電と電気自動車を核とした低炭素社会型観光まちづくり」をテーマとした実験事業を提案し、採択され、事業を行う運びとなりました。7月には、でんき宇奈月プロジェクト実行委員会（当法人の前身）が組織されました。宇奈月温泉において、自然エネルギーとEVバスによる公共交通事業を導入し、

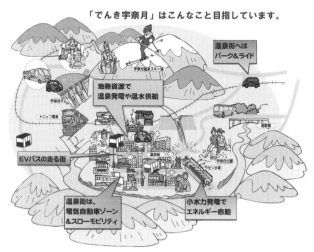

図1　でんき宇奈月　目標イメージマップ

先進的なエコ温泉リゾートとして観光客を誘致するとともに、エネルギーの地産地消による自立した地域づくりを推進するプロジェクトです。実行委員会は最初に、EV 先進地スイスのツェルマットを視察しました。ツェルマットは、マッターホルンの麓にある雄大な景色が広がる世界的に有名な観光地で、1960 年代から電気自動車 100％の街を実現しています。そして、宇奈月温泉とツェルマットの類似点として、四方を山に囲まれたまとまりの良い地形、谷のどん詰まりに発達した観光地、1 本の電車が下界との連絡交通、登山電車が観光名所といった点があります。実行委員会に属する 11 団体のうち 7 団体の代表者が参加し、海外の成功例を目の当たりにしたことで、参加者全員が共通の「未来の宇奈月温泉像」を共有することができました。プロジェクト活動をスタートし 10 年以上経過し、その間、様々な失敗もしていますが、この視察で未来像の共有をしたことが、今も目標イメージマップに向け活動を続けていく一つの糧になっています。

　そして、実行委員会が組織された同時期に、実行委員会メンバーの一人である富山国際大学の上坂博亨教授が、（独）科学技術振興機構（JST）社会技術研究開発センター「地域に根ざした脱温暖化・環境共生社会」研究領域蓄電型地域交通タスクフォースの一員となり、EV コミュニティバスの開発の検討が開始されました。そこでは、地方都市での運行と観光地での運行について検討が行われ、その観光地として宇奈月温泉で走らすことを考えた機能やデザインの検討が行われ、試験車両が製作されました。宇奈月温泉で走る低速電気バス eCOM-8 は、EMU（エミュー）と呼んでいます。Electric Mobility in Unazuki の頭文字をとって、EMU ですが、それでは味気ないので、地域の方や観光客の皆さんに親しみを持ってもらおうということで、「E えがおで　M まんきつ　U 宇奈月温泉」の頭文字で EMU としました。2012 年 8

図2　EMU（エミュー）の由来

月から運行を開始した EMU は、今年で 9 年目となりスローモビリティとして宇奈月温泉街のシンボルとなっています。運行は 4 月〜11 月で、乗車料は無料です。起点以外はバス停を設けず、温泉街のコース内であればどこでも乗り降りできます。運行当初は、1 台が温泉街を周回する 1 コース土日祝日の運行でした。その後、EMU の活動が徐々に市民に浸透することで存在感が認められ、黒部市の協力を得て地方創生先行型の補助金によって 2016 年 3 月に 2 台の増車が実現しました。3 台になってからは「温泉街周回コース」に加えて、宇奈月ダムに途中停車し、宇奈月湖畔にある秘湯「とちの湯」を往復する「宇奈月ダム＆とちの湯コース」を追加しました。現在はお客様の多い土日祝日に 2 コース運行しています。

　3 台の EMU には、愛称がついています。1 台から 3 台になった時に、一般公募し愛称を決めました。愛称命名式には、地元保育所の園児にも参加してもらい命名式を盛り上げてもらいました（4 頁参照）。

　EMU の運転は、最初の 2 年は、黒部市内のタクシー会社に委託していましたが、経費削減とタクシー運転手の人手不足もあり、3 年目からは、黒部市シルバー人材センターにお願いしました。この転換がとてもいい効果をもたらしました。業務内容は、車両の運転で契約したのですが、シルバー運転手さんは、自ら進んで観光案内をしていたのです。出発を待つ車内で、「どこから来られたがけ〜」と富山弁まる出しで運転手さんが話しかけます。車内は、アットホームな雰囲気となり、乗り合わせた観光客同士が言葉を交わしだす、そんな光景がみられるようになりました。EMU 乗客アンケートでは、「運転手さんが色々おしゃべりしてくれて楽しい」「フランクにお声をかけていただいて観光地ならではの周遊バスのおもてなしを感じました」など、運転手の対応について好評の記載がたくさんありました。宇奈月温泉の高級旅館として知られる旅館の社長から聞いた話ですが、「とても気を遣うお客様に『今回の宇奈月温泉はいかがでしたか？』と尋ねたら、『EMU の運転手さんの話が一番良かった』という答えだった」ということを聞き、とても嬉しかったことがあります。高齢化が進む中でシルバーの方が、EMU を運転するだけでなく自ら観光案内をすることが、「生きがい」や「やりがい」と

なり収入にもなることに、少なからず関与できているのかなぁと思うとちょっと嬉しくなってきます。

苦労していることは、バス停を設けず手を上げたら乗れるという乗り方が浸透していないため、運転手さんにより乗客数の違いが出ます。というのも、乗客は観光客

図3　出発を待つ車内（立っている方が運転手）

がほとんどで、初めての方は乗り方がわからないので、運転手さんにEMUを見ている人がいたら「乗られますか？」の声掛けをお願いしています。運転手さんの性格により、声掛けが簡単にできる人とそうでない人がいるため、乗客数に差が出てしまいます。また、実務的な課題として電気的トラブルが発生した場合、地元の自動車修理工場では対応しきれないこともあり、製造会社の群馬県桐生市から来てもらうため、時間と経費がかかる場合もあることです。

EMUに関する私たちの取組みでもう1つ特徴的なことは、地域の資源「水」を利用した小水力発電の電力でEMUを充電するというエネルギー地産地消の1モデルを構築しているということです。2014年6月に稼働した宇奈月谷小水力発電所（愛称：でんきウォー太郎1号）は、黒部川の支流、宇奈月谷川から取水する宇奈月谷用水の一部を利用して、最大2.2kWを出力します。得られた電力は売電せず、EMUのバッテリー充電や、発電所に隣接する公民館通路の照明、防犯灯に利用しています。とても小さな発電所ですが、海外の化石燃料に頼らない自然エネルギーの電力を生み出し、それが観光客の移動の原動力になっていることを誇らしく感じています。このようなでんき宇奈月の活動を一目見たいと毎年約15件150名～200名の方が全国各地から視察に来られており、視察観光の一環としても宇奈月温泉の活性化に寄与していると思っています。グリスロを使って、その地域ならではの歴史と資源を活かし、持続可能な地域社会を創っていく地域がどんどん増えていったらいいなぁと思います。

グリスロと太陽光でスローな姫島エコツーリズム

姫島エコツーリズム推進協議会　会長　寺下　満

グリスロで姫島の課題に取り組む！

　瀬戸内海の美しい青、国東半島の豊潤な緑、遠くには本州や四国の山々を眺める大分県北部に浮かぶ姫島は、日本ジオパークに認定されるほど希少価値の高い地質を維持し、艶やかな舞いを見せるアサギマダラの休息地としても有名なほか、車エビの養殖や地域の伝統文化である盆踊りなどユニークな魅力に溢れています。

　こうした素晴らしい観光資源を持つ一方で、2次交通手段（バスやタクシー）がなく、旅行で訪れる観光客は島内を周遊するのにお土産店が貸し出すレンタルサイクルを利用するしかありませんでした。観光で自転車を利用することの良さはもちろんありますが、小さいお子さんを連れたご家族や、御年を召した方、体力に自信のない方、グループでのお客さんなど、来島された方のニーズに応えられない状況がありました。フェリーで車を渡すこともできるのですが、それにはお金もかかります。このように姫島は、観光地として島内の移動に課題を抱えていました。そこで私たちは、島内周遊を楽しむ手段を創出する新たなモビリティが必要だと考えました。

　姫島の美しい自然を次世代に残すため環境に優しいグリーンで、地域の暮らしや自然と触れ合えて、ゆっくりと流れる時間に調和したスローなモビリティとして、グリスロを活用することにしました。それからグリスロを導入するにあたり駐在所の警察さんに説明すると「こんな乗り物があると観光のお客様も喜ぶな。スピードがゆっくりなら、島の高齢者にも乗ってもらうといいよ」とアドバイスをもらいました。観光客の周遊や島

図1　姫島のおばちゃんたちと

の高齢者の外出支援を行うため、2016年からグリスロの実証実験をすることにしました。

グリスロがもたらした様々な出会いと学び

　私たちは、観光振興や地域活性化を目的にグリスロをレンタカーとして活用し「姫島エコツーリズム」を推進しています。手作りの観光道路マップには観光名勝はもちろん、安全に楽しんでもらうための、交差点のポイントなども織り込み観光客の方へ説明してお渡ししています。さらに、利用者へのアンケートを実施してたくさんの気づきを得ることができました。

　姫島エコツーリズムでは、島をよく知る島民の方がグリスロを運転しながらツアーガイドとして島内を案内する企画が人気で、グリスロでの移動がとても静かなので、利用者の方からは「ガイドさんの声が聞き取りやすい」という感想を聞きます。また、グリスロならではの体験を求めて島を訪れる方も少なくありません。オープンな空間を楽しめる乗り物であるため、目が不自由な観光客の方から、「頬にあたる風や島の様々な音を聞きながら島内を巡って、島を全身で感じられた」と感想をいただき、私たちの取組みの意義を感じました。

　特にグリスロを活用することによってもたらされた気づきがあります。それは、姫島の一番の資源は「人」だということです。「島民の方と挨拶をした」、「歩いている方から声をかけてもらった」など、利用者アンケートからは、観光客の方が住民とのふれあいを楽しんだ様子が読み取れます。島民の方々もグリスロを見かけたら手を振る方が多く、この取組みを温かく見守ってくれています。今では、仲良くなった島民に会いに来られる方もいます。それから、島内の介護施設が入居する高齢者の外出レクレーションにグリスロを

図2　姫島ジオパーク×グリスロ

活用してくれます。利用者からは「久しぶりに同級生と会えて、楽しい話ができた」との喜びの声をいただいています。乗っている方と歩いている方が同じ目線で会話ができるのもグリスロの魅力と感じました。

グリスロの良いところ・困ったところ

図3　家族で麦わら帽子グリスロレンタカー

姫島エコツーリズムは"島の環境を守り五感で楽しむ島めぐり"をコンセプトに掲げています。グリスロは、移動自体を楽しむサービスの提供や、ジオパーク特有の美しい海岸線に褶曲した地層を見ながら磯の香りや海風を感じ、波の音や鳥のさえずりを聞くことができる乗り物です。また、離島特有の細い道を通りながら、気軽に立ち止まり歩行者と会話するなど、島民との交流を楽しむことを可能にします。自然とも人とも距離が近く、日常の喧騒から離れて、大切なことを思い出させてくれる時間を持つことができます。

　車両は丈夫で作りも操作もシンプルなため、この5年間、故障もほとんどなく、メンテナンスなどに煩わされることもほとんどありません。導入前こそ、低速車両を地域で走らせる不安がありましたが、姫島では島民の方々の協力と温かい支援があり、受け入れ態勢が整っていました。

　唯一困るのは、利用者の方が時速19キロという速度に慣れていないため、時間配分を誤ってしまうケースがあることです。姫島のような離島の場合、最後には船での移動があるため、運航時間に間に合わなくなってしまいます。対策として、島の見所を地図にまとめ、目安の時間を記載するなど工夫をしました。そうすることで、乗り遅れ対策だけでなく、見落としていた島内の立ち寄り場所を発見することなどにもつながりました。

グリスロと青空コンセントでエネルギーの地産地消を！

　姫島エコツーリズムでは、一人乗りや二人乗りの電動モビリティも楽しむ

ことができます。来島される観光客は、一人旅、カップルや友達同士、家族連れなど多様です。このニーズに対応するためには、多種多様のモビリティを整備し来島者の利便性を高めることが求められます。観光コンセプトの移動を楽しめるサービスの充実化を図るために、また、新たなモビリティを創出し社会に浸透することが必要との思いから、一人乗りや二人乗りの電

図4　青空コンセントでグリスロ充電
　　（エネルギーの地産地消）

動モビリティに加えて、グリスロを本格導入しました。まずは 2016 年から 4 人乗りのグリスロで実証を行い、その後、2018 年に 7 人乗りを追加して、車種と台数を増やしました。

　本協議会がこれと並行で推進してきたのが、地域で生産された自然エネルギーを用いる仕組みを導入することです。離島は本土と比べ、普通自動車で使うガソリンや軽油などをフェリーで運ぶ必要があるため値段が高く、エネルギーコストに係る負担が大きくなります。姫島には野菜を自分たちで作り、魚も自分たちで捕って食べる自給自足の文化が根付いています。同じようにエネルギーも自然に降り注ぐ太陽光を利用して自給し、グリスロをはじめとした電動モビリティで自足することができると考えています。姫島エコツーリズムでは、ガレージ型の太陽光発電・蓄電システム「青空コンセント」を利用し、地元で作った電気でモビリティの充電やレンタカー事務所の電力を賄っています。

　グリスロは、温室効果ガスを排出しないゼロエミッションの観光の実現と、エネルギーの地産地消を可能にする乗り物です。「観光地」に暮らす人々が、地域に根ざして、自分たちらしく、自立して取り組むことができるエコツーリズムを未来に残すために、グリスロがさらに国内外に広がっていくことを願っています。

3. 住宅団地

リホープは、これからも、走り続ける

社会福祉法人みずうみ　理事長　**岩本雅之**

　松江駅から北西に約4kmの郊外に位置する法吉団地は、昭和50年代以降、小高い山を削ってできた高台の住宅団地です。団地中央にはスーパーやカフェ、ATM等による小さな拠点が形成され住民の生活を支えていますが、団地内は坂も多く、外出意欲の低下により引きこもりがちの高齢者が増えつつありました。そのような中、2018年9月2日、法吉団地で「地域共助型モビリティ」の実証実験がスタートし、時速20km未満のグリスロが私たちのまちを走り始めました。

(1)「生活の課題＝福祉の課題＝地域の課題」

　「法吉地区地域福祉活動計画」では、住民が抱える課題のひとつに「日常生活におけるちょっとした移動」が挙げられています。私たちは、地域に寄り添う社会福祉法人として、その課題を解決するにはどうしたらよいのか様々な検討を重ねてきました。2015年には、市内29の地域が有する課題や地域資源を考える「地域30まつえ」という組織をつくり、各地域のリーダーたちと議論する中で「生活の課題＝福祉の課題＝地域の課題」であることを実感していました。

(2)「であい・つながり」

　2017年の社会福祉法改正により、社会福祉法人の地域貢献が責務となり、私たちは従来の福祉の枠組みを超えた地域課題に正面から取り組むことにしました。そんな中、同窓会で久しぶりに出会った復建調査設計（株）の山根啓典さんと意気投合し、その年の7月「地域30まつえ」のメンバーにも呼びかけ、「エコ×ユニバーサルな松江のまちづくりを考える会」（以下「エコ

×ユニ」）を設立しました。そこでまちの"道しるべ"として将来に向けた構想づくりを始め、地域課題を解決するためには、まちづくりとして全体像で捉えること、官民連携で一緒に考え、実践する仲間をつくることの大切さを学びました。そして「交通」という分野に目を付けた私たちは、グリスロの実証実験に取り組むことにしました。

⑶「何のために走らせるのか」

実証実験が決まってから運行開始までの期間、「何のために走らせるのか」をしっかりと考える必要がありました。なぜなら、より多くの人の理解を得ることで、実験で終わらせないようにするためです。そのカギはやはり「福祉」でした。福祉の現場では、その人の人生に関わりを持つ限り、相手に喜んでもらいたい、できる限りのおもてなしをしたいと思う気持ちが一番大切です。「何のために走らせるのか」も同じ気持ちでやることで、多くの理解を得られると考えました。更にグリスロだからこそ、利用する人も運行する人もお互いに「面白い、楽しい、嬉しい、ありがとう」という気持ちがあふれかえるような運行をめざすことを決めました。そして、「そこに住む人たちが地域社会において再び希望を持って生活できること」を願い車両に Re × hope（リホープ）と名付けさせていただきました。

⑷「リホープの仲間づくり」

そもそも、運行する人がつまらないと思ったら、グリスロ運行は続かないと思います。たとえ利用する人がいても、運行者の態度や表情、言葉遣いなどで、いずれ利用をしなくなります。したがって、運行体制は、関わりを持つ人の興味や得意なことから考えることにしました。①基地局オペレーター担当はいつも丁寧な言葉遣いや思いやりのある対応ができる山根千晶さんと川上美嘉さん、②ドライバー担当は休日にお目当てのパンを買いに広島まで車を往復運転することが好きな岩本千代さん、③IoT・広報担当はスマート家電など新しいものに詳しくその活用方法を考えることが好きな山本幸史さん、動画やデザインなど広報に興味がある岩本真一郎さん、④会計担当は帳

ユニフォームを着たリホープの
仲間たち

簿上数字が合うことをこよなく愛する永島有さん、⑤人材管理担当は日々
様々な人間関係に真摯に向き合っている武田英俊さん、⑥会議案内担当は人
当たりがよく人の顔を覚えることが得意な上坂祐美子さん。以上、8名のみ
ずうみ・エコ×ユニ事務局を中心に、たくさんのみずうみスタッフにご理解
とご協力をいただきました。なお、「地域30まつえ」からの仲間である梶
野孝彦さん、小玉康宏さん、石松俊之さん、坪倉大吾さん、山根純さん、他
多数の民間企業の皆様による心温かいボランティア支援をいただきました。
現在も運行が継続しているのは、関わりを持ったすべての人が、変わらずに
リホープを支えていただいているおかげです。

⑸ Rexhope エピソード

2018年7月〜現在「CCTでおもてなし」

　基本的に市販されている家電で、リホープに活用できるものは何かを考え
ている。「スマートスピーカー」「ネットワークカメラ」「GPSロガー」を搭
載し、オペレーターとドライバーの連絡手段などコミュニケーション促進に
役立てている。また、走行日誌や申し送り事項、オペレーター日誌を、いつ
でもどこでも情報共有できるよう工夫をしている。通信環境の課題や多くの
失敗を重ねてきたが、IoT環境の構築をC（コミュニケーション）・C（ケア）・
T（テクノロジー）と呼ぶことで、引き続き、おもてなしに繋げていきたいと
考えている。　　　　　　　　　　　　　　　　　　【山本幸史・岩本真一郎】

2018 年 10 月 13 日（土）「お先にどうぞ」

　車体の床部分の汚れが気になるので、フロアーマットを敷いてはどうかとの意見をいただきました。車体の後方には「スローペースで走行しているので、お先にどうぞ」の表示を取り付ける提案がありました。　【岩本千代】

2018 年 10 月 29 日（月）「寒さ対策」

　10 時頃から曇ってきたため、肌寒く、レインカバーを降ろして走行。荷台用ロープを各車両に用意済み。ひざかけ 4 つ購入済みです。　【武田英俊】

2018 年 11 月 16 日（金）「停電時の活用」

　午前中、法吉地域の一部で停電があり、リホープに搭載しているモバイルバッテリーで、カフェ太郎（リホープの基地カフェ）内の一部機器を動かしたり、付属のライトで厨房を照らしたりなど活用を図る。また、携帯電話の充電にも使えると思う。　【岩本真一郎】

2019 年 5 月 24 日（金）「初めて見る姿」「花を摘みに」

　シリウス苑の入所者 A さんに対し、作業療法士の川本さんが積極的にリホープの利用を勧めてくださる。いつもシリウス苑内で車椅子の A さんがリホープに乗るために初めて杖で歩いている姿を見て感動したとのこと。同乗した B さんは前回引野ドライバーに連れて行ってもらった公園によって帰りたいとのこと。たくさんのお花を摘んで帰られました。　【川上美嘉】

2019 年 6 月 6 日（木）「誰かのお役に立っている」

　C さんは当日膝が痛かったが、隣人の D さんに声をかけられ、買い物に来られたものの、リホープの振動が辛そうだったので、徐行しながら運行した。通常は買い物の荷物を玄関までお持ちするが、この日は台所のテーブルまでお運びしたところ、とても喜んでおられ、感謝の言葉をいただいた。「誰かのお役に立っている」と通常の仕事ではなかなか感じることがない感覚を実感できた。　【武田英俊】

2019 年 6 月 20 日（木）「近所づきあい」

　E さんから同じうぐいす台の F さんにリホープ利用を勧めていただいたそうです。F さんから E さんにお礼のラッキョウを渡されるのをみて、なごみました。　【岩本千代】

2019 年 7 月 2 日（火）「免許返納と住みなれた場所」

淞北台の G さん、免許を返納してから、坂がきついところに一人で住むのを不便に感じておられ、非常に助かるとの事。思い入れのある住み慣れた場所でずっと住みたいという気持ちが伝わった。　　　　　【岩本真一郎】

2019 年 8 月 1 日（木）「まだ、お嬢さんだからねぇ」

4 人のいつものメンバーでスーパーハローに向かわれる際、H さんのお迎えが最後に。玄関から走って出て来られたので、「相変わらず、お若いですね」と言うと、「まだ、お嬢さんだからねぇ」。実年齢は 90 歳。メンバーの中で一番年長の H さんの言葉に、リホープの中が笑いに包まれました。帰り道でも「私、ATM を使ったことがないわ。いつも郵便局だから」との H さんの言葉に「まだ、お嬢さんだからねぇ。成長したら使えるようになるわよ」と他の方からつっこまれ、またしてもみんな大笑い。本当に楽しいひと時だった。　　　　　【岩本千代】

2019 年 8 月 1 日（木）「リホープ通信」

リホープ通信をお渡しすると「私たちが載ってるわ」「これが I さん、これが J さん」と、早速車内で盛り上がった。お茶の間カフェに出かけるときにご利用いただいたときの写真だったため「このときは、たくさんお話しして、たくさんお菓子をもらって、よかったわ。夕食が食べられないほど」と思い出話のうえ、感謝の言葉を言ってくださり、本当にうれしかった。

【岩本千代】

2019 年 8 月 22 日（木）「ハローワークまで」

ウェルネス（ドラッグストア）まで迎えに来てほしいとの電話。「どちらにいかれますか」と尋ねると、エリア外で 3 km 以上距離がある「ハローワークまで」と答えられ、何度尋ねても「ハローワークまで」とのこと。ハタと思いつき「お買い物ですか。お仕事をお探しですか」とお伺いしてみると「あっ買い物のハローだわ」と。2 人で大爆笑でしたが、無事にスーパーハローにお連れすることができて良かったです。　　　　　【川上美嘉】

2019 年 11 月 9 日（土）　わずかな距離の「パーク＆ライド」

あさひ乃苑の収穫祭で、駐車場から会場まで、20M の坂道をリホープで

送迎運行。松江城のイベント時にも思ったが、大勢の方がひっきりなしに乗車する姿をみて、観光などイベント時のわずかな距離の「パーク＆ライド」にも、活用できると感じた。　　　　　　　　　　　　　　　　【岩本雅之】

2019 年 11 月 14 日（木）「白鳥と大判焼き」

　今日も K さん節がさく裂。「古志町に白鳥がたくさん来ていますね」とお声がけすると、「白鳥からわしに挨拶がないがな。白鳥たちは、自分に大判焼きをもってくるくらいしないといかん」と返されました。帰りには、私に、大判焼きをひとつ買っていただきました。　　　　　　　　　【岩本千代】

2019 年 12 月 11 日（水）「有償運行に向けて」

　L さんに、カフェ太郎の大判焼きを一個いただきました。L さんは、無償運行の現状に気を遣われたのだと思います。4 月から午後の一部有償化 100円になれば、気を遣われなくて良いのではと感じました。　　　【永島　有】

※みずうみでは、2020 年 4 月より、持続可能な事業・運営を目指し、平日
　12 時 30 分～14 時までの間、1 日 100 円（時間内複数回利用しても 100 円）
　での自家用有償旅客運送による有償運行をしています。有償化に向けた関
　係各位との協議は大変で、社会福祉法人としてこのまま無償でも良いので
　はないかと考えた時期もありましたが、気持ち程度の料金を利用者の皆様
　からいただくことでリホープの運行に関心をもってもらうのは大切である
　と判断致しました。また、有償化により、ドライバーが「市町村運営有償
　運送等運送者講習」を受けることが義務化されるので、安心安全な運行体
　制を継続するためにも重要であると考えています。

2019 年 12 月 17 日（火）「CCT で見守り」

　オペレーターでカメラを確認すると、リホープが停止していることを確認。ドライバーに呼びかけると「人が倒れている」との報告。リホープは、次の利用者が待つ場所に行っていただき、私は、すぐに現場に駆けつけ、地域の方と一緒に、救急車、交番の対応をさせていただきましたので報告します。

　　　　　　　　　　　　　　　　　　　　　　　　　　　　【杉谷真也】

2020 年 3 月 5 日（木）「リホープでお別れ遠足」

　みずうみ保育園、第 2 保育園のお別れ遠足が、コロナウイルスによって

中止に。卒園児さんのせめてもの楽しみになればということで、リホープ3台体制で、園児たちがよく散歩していたエリアの思い出めぐりをさせていただきました。「古墳公園だ」「ここは、Mくんの家だよ」など、すごく楽しんでいたようで本当に良かったです。リホープの持つ「乗って楽しい」を心から実感しました。　　　　　　　　　　　　　　　　　【杉村由紀子】

2020年4月16日（木）「移動支援＋買い物支援」

淞北台リホープストアにおいて、デマンド1件ありました。おひとりでは外出が難しいとのこと。「外に出るきっかけができ、大判焼きやおにぎりが買えてうれしい」と感謝され、地域ボランティアの大石さんも喜んでおられました。　　　　　　　　　　　　　　　　　　　　　　【上坂祐美子】

2020年5月12日（火）「リホープを見守る地域協力店」

石飛さんが、地域協力店スーパーハローの店員さんからNさんに関しての情報をいただく。Nさんは、足腰の状態が不安定で家から出るときや店内において、転倒されたり、座り込まれたりするとのこと。リホープご利用の場合は、見守りが必要です。　　　　　　　　　　　　　【岩本真一郎】

2020年6月10日（水）「リホープに対する理解」

スーパーハローの店員さんから「未登録の方だけど、荷物が重くて、是非、リホープで送ってあげてほしい」とのお電話。会員制で、午後は100円かかる旨をお伝えすると「もう100円のことはご了承済みです」とのこと。リホープのことをよく理解して、その上で進めていただいている事に感謝です。　　　　　　　　　　　　　　　　　　　　　　　　　【岩本千代】

2020年7月14日（火）「それぞれの人生」

比津が丘のOさん、山梨で生活しておられ最近こちらに帰ってきたそう。手術明けでなかなか外出することもなく、リホープに乗り「本当に久しぶりの外出でうれしい、ありがとう」と感謝の言葉。山梨には娘さんが暮らしており、スーパーハローの鮮魚を送ることが本日の目的。ご本人も刺身を買われ「刺身が食べれるなんて幸せだわ」と喜ばれました。　　　【武田英俊】

2020年7月17日（金）「ちょこっとMaaSの達人」

Pさんから12時20分に連絡をいただき、迎えに行くと、12時36分の

市内循環バスに乗って、松江駅に隣接する一畑百貨店に行きたいとのこと。バスへの接続地点のウェルネスに到着したのが 12:30 分。乗り継ぎの達人だと思いました。　　　　　　　　　　　　　　　　　　　　【武田英俊】

2020 年 7 月 30 日（木）「ご近所さん、だからこそ」

リホープストアで地域ボランティアをしていただいている大石さん。「今日は、Q さん来られないねぇ」と話していたところ、とことこ歩いて行かれ、Q さんのご自宅まで、声がけに行ってくださいました。みんなで見守り、様子を気にかける。そのような場所になっていると思います。　　【川上美嘉】

2020 年 8 月 20 日（木）「ここがあってよかったわ」

リホープストアにて、今日も暑い日でしたが、30 人を超えるお客様にお越しいただきました。お店も暑いですが、皆様がストアに歩いてこられる姿を見つけると嬉しくなります。「ここがあってよかったわ」お客様の言葉を聞くと、一層、やる気が出ます。　　　　　　　　　　　　　　【山根千晶】

⑹グリスロから広がる「地域包括ケアのネットワーク」

市内屈指の高台に位置する淞北台団地でのリホープストアの取組みとして、こちらではリホープによる移動支援に加え、空き店舗を活用した新たな店舗を開設し買物支援を行っています。住民ボランティアと共に運営しつつ「買い物」が社交の場、憩いの場となり、移動支援が地域づくりにつながっていくのを実感しています。また、ご利用者の健康状態を地域と共に見守ることができ、こういったリホープの取組みは結果的に介護予防やリハビリにつながるとケアマネージャーたちにも評価され、スムーズな公的支援につながるケースも増えています。「地域包括ケア」という言葉があります。人が住み慣れた場所で生活を継続するためには、その人を取り巻く地域資源を大事に育てることと、その人を温かく見守る地域のネットワークづくりが必要です。リホープが走ることで、いろいろなエピソードが毎日生まれています。そこに住む人達が地域社会において、再び希望をもって生活できることを願い、リホープは、これからも走り続けます。

東京都町田市鶴川団地 ～グリスロを用いた買物支援事業～

社会福祉法人悠々会　理事長　　　**陶山慎治**
株式会社コミュニティ南多摩住まいセンター　**新町敬策**
株式会社モビリティワークス　代表取締役　**西　利也**

　2019年11月よりグリーンスローモビリティ準拠の4人乗り電動カート（LSV4：モビリティワークス製作車両）2台を用いた買物支援事業「鶴川団地活性化プロジェクト」をスタートしました。東京都町田市の鶴川団地は1960年代後半に建設された大規模団地で、高齢化が進み買い物に行くことが困難な方が多く住まわれています。そこで、「社会福祉法人悠々会」が中心となり地域貢献の一環として、高齢者を対象としたグリーンスローモビリティを用いた買い物送迎サービスが開始されました。地域住民で構成されている団体である「支え合い連絡会」が運営しています。また、事業を継続することを目標として地域住民で事業を行うために「公共交通空白地有償運送」の許諾を受けました。

グリスロを高齢者の買い物送迎サービスに

西　　はじめの経緯ですが、最初は、町田市役所の方から陶山理事長をご紹介いただき、私がIT会社を運営しているので、町田市鶴川地区の住民が使用するスマホアプリを作りましょうという話になりました。そこで、活用方法を検討していたのですが、スマホアプリは難しいかなとなりました。

陶山　ご年配の方が多いからね。

西　　もう少しヒアリングしたところ、買い物に行くなどの移動手段に困っている方が多くいらっしゃることが分かり、だったら買物支援事業をやってみようかというのが事の始まりでした。

陶山　高齢化が進んでいて移動支援が急務だったからね。

西　　その中で、やるのだったら当然楽しい乗り物が良いなと。何かないかと調べたところ、グリーンスローモビリティという乗り物があって、これであれば事業イメージにマッチしていて進めていきましょうとなりました。

陶山　悠々会としては鶴川団地で高齢者移動支援のモデル事業ができないかという思惑もあり。町田市全体で移動支援をしていきましょうということもあって、そんなので西さんからグリスロがあるという話で始まりましたね。

西　　実際導入しようとなった時に、UR団地であるということでカートの保管場所と電源設備の設置について新町さんにご相談をさせていただきました。

新町　URとしても、団地の高齢化という課題があります。単に買い物の送迎というだけでなくて、外出する機会をつくるとか人と触れ合うきっかけを作るといった派生的な効果が非常にあるのではないかと思い、URとしても積極的に協力をしようということになりました。商店会や地域の自治会の皆さんの熱意に応えたいとの思いもありましたが、町田市役所はじめ、警視庁や行政機関も積極的な協力をされていたところに、うまく歩調を合わせる形で関わることができたのは非常に良かったと思っています。

西　　URからご協力をいただいて、課題になっていた保管場所や給電設備も確保できました。私が想像していた以上にご協力をいただいて、すごく感謝しています。

新町　鶴川団地の再生に向けて商店会や自治会と話していた中で、このプロジェクトへの協力要請があり、URとしても団地の活性化につながる取組みと考え前向きに検討できました。団地の管理という意味で言うと、課題としては運行に伴うリスク対策にも目配せする必要がありました。保管場所も公道までの動線が最短である場所を確保し、視界の悪い部分にコーナーミラーを設置する等工夫をした結果、お住まいのみなさんにも安心して受け入れていただいていると思います。

陶山　新町さんに参加いただいて、すごく動き出したよね。

西　　はい。勢いがつきました。保管場所や給電設備など物理的な問題が解決したことは大きかったです。

陶山　もともと僕もここにずっと住んでいて、子どもの頃を思い出すと団地って憧れの場所だったのですよ。楽しいことが団地の中であったらいいなというのが根本的にはあるのです。一日中部屋から出ないで過ごしていますと

いう人も相当数増えてきたから、その人たちが楽しそうだし乗ってみようかって外出してくれたらなっていうのが一つ目的としてありました。その点、グリスロは空気を汚さないで、19キロでゆっくり走行する点が合致しました。高齢者が免許返納しても大丈夫だなとなっていけばいいなというのもありました。空気を汚さない、引きこもりの防止、商店街の活性化、免許の返納と少し欲張ったのだけどそれに対してみんなが後押しをしてくれました。

良かったこと　苦労したこと

西　私はもともとIT関係の会社を生業としているというところがあり、車や交通がわからない状況から始めました。グリスロや交通法規等について、国交省や関東運輸局、警視庁などいろいろな方々に助言をいただきながら進めていきました。大変な迷惑をおかけしたのではないかと思います。

新町　URとしては正直言うと苦労したという感じはなくて、打ち合わせの中で調整をする作業は楽しんでやれたかなと思います。実務的な部分では、悠々会とモビリティワークスとURの三者でしっかりした組み立てが行われたことは大きかったかなと思いますね。URとしても、地域の活性化に積極的に寄与する機会となり、ある意味Win–Winの関係になれたと思います。

西　何度かURの東日本賃貸住宅本部にお伺いして計画の説明をさせていただいた際に、計画内容を細かく聞いていただけたことがすごく印象に残っていますね。ありがたいなと思いました。

陶山　町田市には12ヶ所支援センターがあって、それぞれが移動支援を課題にしています。鶴川エリアは鶴川団地でこのような実績ができてきたという点はありがたいですね。一般的な民間での輸送事業は、法律面でグレーな部分があるのですが、町田市で交通会議を開き交通事業者や警察関係と話し合いをし、しっかり手続きを踏みながら行ったことはよかったと思っています。また、交通以外にも空き家問題があるんですけど、グリスロの事業を通じて国交省やURの担当の方と、空き家問題の新しい取組みについて前向きに動いてみようよっていう話をするきっかけができました。

西　はじめるにあたって、私はコーディネートという形で入らせていただ

いたのですけど、多くの関係者との調整が大変でした。そこは、地元に根付いた社会福祉法人悠々会が主体として事業を行うということで、関係者のみなさまは安心いただけたと思います。それぞれの立場、責任というところがちゃんとできていたのかなというのはよかったなと思っています。これは気を付けていたことでもあるのですけど、然るべき関係各所にきちんと説明し了解を得ながら進めたので、反対とかネガティブなことはなかったというのはありますね。逆に応援していただけたというのが多かったと思います。また、事業を継続させることを目標にして、地域住民自らの手で事業を行えるように「公共交通空白地自家用有償旅客運送」の登録を得たことが大きかったと思います。既存のバスやタクシー業界団体との複数回の話し合いや調整、警視庁、町田警察との現地試走を経て、2回にわたる交通会議にて満場一致で賛成をいただいた時は、感無量でした。想像以上に反響も大きく、東京都で公共交通空白地自家用有償旅客運送を取れたということで、全国の自治体、メーカー、大学等の研究機関からの問い合わせをいただきますね。同じような悩みを抱えている自治体などにご協力できればいいなと思います。

スタートしてみて

陶山　買い物支援から始まりましたが、もっといろんなニーズが出てきています。具体的には、高齢福祉会館に囲碁将棋をしに行く、各手続きをしに市民センターに行く、近所の医院や診療所等に行く、図書館とか郵便局に行くなど。大きい病院のように自前での送迎の車両は持てないけど、みんなで少し協力しあいグリスロをシェアリングし団地で活用してゆくことは可能だと思います。

西　　運用を始めて半年ちょっと経ちましたが、やはりこういう使

図1　左から新町氏、陶山理事長、西代表取締役

い方はできないかとか要望が出てきましたね。特にご高齢の方が、近くのクリニックに行き定期的にそこで様子を見てもらうというのは大事なんじゃないかとすごく思っています。グリスロが、行きやすくするための足になれればと思います。

新町　今後、横展開が色々できるのではないかなという期待感はありますね。ハード面だけでなく、利用者のフォローや運転者の確保といったソフト面の体制が前提になりますが、鶴川団地の事例が成功すれば、URのほかの団地でもということは有り得ます。これからもっと利用者が増えて団地での生活にグリスロが定着していくと、施設に入るかどうか考えている方がまだ自分の家で生活できるケースも増えてくると思います。

陶山　福祉的な立場でいうと、新町さんのコメントはまさにそうで。食べ物がドローンで届くとか、遠隔医療とか利便性はどんどん進んでいくと思うんですね。でも今回僕がとても価値を置きたかったのは、乗っている人と運転している人とが、ゆっくり動く中でお話をしていくというのがすごく大切だということ。高齢者が商店街に買い物に行く時に、最近様子が変わってきたなとか、日常の変化をキャッチしてくれてそれを支援センターに繋いでもらえるというのがとても大切で社会が成熟してゆくっていうのは人と人とが支えあっていくっていうのが一方であると思う。

西　開始して私もそれは感じました。私も運転する時に、乗っている人とのお話しはもちろん歩いている方からも声を掛けていただけます。最初はドライバー不足という問題がありました。最近はドライバーだったらやっても良いと言っていただける方が増えてきています。仕事は引退されて家にこもりがちな男性の方が手を挙げていただけることが大変うれしいです。

今後のありかた

陶山　継続ということを考えていくと、これから規模が大きくなった時に地域のボランティアだけだとなかなか難しくなってゆくのではないかと思います。URと打ち合わせをした時、高層階に比較的子育て世帯の人に住んでもらって、その人に運転をしてもらうとかいう案が出ました。地域で人を支え

るということとかができてくれば
いいんでしょうね。

西　私は、地域の民間企業が協
力すべきだと思います。直接利害
関係が無くてもそこで商売してい
るわけですし、結局不便になって
人がいなくなって商売として成り
立たなくなるよっていう。そうい
う関係も必要だと思います。

図2　グリスロでの送迎の様子

陶山　鶴川団地でゼルビア（Jリーグ）と絡んで、試合が終わったら団地の商
店街で少しイベントをしましょうなどといった事業をやっている中で、この
日はゼルビアの選手が運転するとかを考えています。そこで少し地元のスポ
ーツや文化と一緒に絡みつつ、イベントとグリスロを絡めてみたいです。

新町　グリスロに乗ることがイコール社会福祉的なものですっていうカラー
だけだとかまえてしまうところがありますよね。陶山さんのおっしゃるよう
に、街にそういったものが走っているっていうのが、見た人にもっとポジテ
ィブに感じられる仕掛けがあったほうが、URとしても単に福祉的な目的の
ために場所を提供していますということではなくて、将来的には街が活性化
する仕掛けですとなるのが理想かなと思っています。そういう雰囲気があっ
たほうがドライバーやってみようかなっていう人も入ってきやすいですよね。

西　積極的にイベントに使っていこうという話は町田市としています。私
は地域を盛り上げるっていうところに注力しているので。理想とすれば他の
地域でもグリスロがあって楽しいよっていうようになっていけばいいなと思
っています。

　最後に、実際に鶴川団地でグリスロを使用して有効性を実感しています。
多くの方にグリスロの素晴らしさを理解していただいて、活用していただけ
ればと思います。　　　　　　　　　　　　　　（株式会社モビリティワークス）

首都圏鉄道沿線におけるグリスロ活用の可能性

京浜急行電鉄株式会社　菊田知展

(1) 京急電鉄／富岡地区の概要

　当社沿線は、北は品川から南は三崎口まで、全長約87kmの営業路線を有しており、海沿いを北から南に縦断しているので、土地の表情もバラエティに富んでいることが特徴です。当社は、1950年代から、沿線南部にて多くの住宅開発をしており、約2万戸の住宅開発を行ってき

富岡地区の勾配の険しい坂

ました。実証実験の対象地区である富岡地区は、横浜市南部の金沢区に位置する1960年代以降に当社が開発を進めたニュータウンです。高齢化率は30.9％と高く、高齢化の影響から京急富岡駅の乗降人数は2000年と比較し76％まで減少しています（京急富岡駅の一日の平均乗降人数は2万2410人）。また、富岡地区は山を切り開いた住宅地であるため、勾配の激しい坂道が多く存在します。写真は、通称「交番坂」と呼ばれている坂道の斜面です。高齢者のみならず現役世代の方でも坂道を上る途中で一休みしなければならないほど、急勾配の坂がこのほかにも多く存在します。

(2) 導入の経緯

　当社では横浜市と横浜市南部地域において沿線人口の維持、活性化を目的とした包括協定「京急沿線（横浜市南部地域）における公民連携のまちづくりに関する連携協定」を2018年7月に締結しました。本協定は横浜市金沢区を対象としており重点地区の一つとして富岡地区を含む住宅地エリアを設定

しています。協定に基づき4つの取組みを進めておりその中の一つが「交通利便性の向上」となっています。高齢化や地勢的課題を踏まえ、高齢者や子育て世代など移動弱者の外出支援を行うために、グリーンスローモビリティの活用検討をはじめました。

移動の障壁を抱える富岡地区をより住みやすい街にすることを目指し、ラストワンマイルを支援する取組みとして実証実験は始動しました。第一回実証実験を2018年10月に実施するにあたり、当社では前年秋から本格的に動き出し、エコモ財団の公募に応募しご支援をいただきました。また、横浜国立大学とは地域の交通課題解決に向けた協定を締結し実証実験等を協働で進めています。

実証実験を開始する前に先進事例の視察として輪島商工会議所にご協力をいただき、輪島市での取組みをご紹介いただきました。里谷会頭（当時）の取組みへの強い思いや、輪島商工会議所のこれまでの取組みを勉強させていただき富岡地区での実験イメージを膨らませました。当日は地域のドライバー講習の日であり、地域の方々と一緒にグリスロを育てていくということを実感できました。また、印象に残ったのは観光客だけではなく子連れのお母さんが日常の足として利用されていたことでした。

そして、2018年8月に、当社が実験で使用する日立バッテリー販売サービス（株）のグリスロに乗車をしました。まだ工場にあったため工場近くの河川敷を試走しました。実際に運転をして、登坂力もあり、富岡の坂も問題ないと感じました。また、下校中の中高生が走行中のグリスロに興味を持っていたので、地域に愛される車両になるのではと思いました。

(3) 実証実験の概要

運行コースや運用方法が定まった段階で地域へ説明を行いました。実証実験に対するご理解をいただくとともに、多くの住民のみなさまにご利用いただき、ニーズを把握することや、地域交通への関心を高めていただくことが何よりも重要であると考えました。乗降ポイントとなる沿道所有者や地域ケアプラザへの説明を行いながら、協力体制を構築してまいりました。安全性

の担保のため警察との協議が必要になります。横浜市の協力も賜り、乗降ポイントの調整を行いながら、道路交通法に則った形で運行コースを決定しました。そのほかに、地域の方々との対話やステークホルダーとの協議を重ね、半年程度の準備期間を経て実証実験の実施までたどり着きました。実証実験を開始するまでは低速で走る車に対して不安をお持ちの方がいらっしゃいましたが、実際に坂道等でご利用いただくことで不安は解消され、地域の方にも受け入れていただきました。

　実験を通して、通常の車両との大きな違いは、コミュニケーションだと感じました。事後のアンケートでカートに乗車した回答者の約90％がドライバーと会話を行い、10 〜 20％が乗り合わせた顔見知りの同乗者と、20 〜 50％が初対面の同乗者と会話をしていることが分かりました。車内だけでなく、道路を歩いている方と簡単なコミュニケーションがあったのも、オープンなグリスロならではの特徴だと感じています。また、お客様だけでなく、運転を担当したドライバーも、通常よりもコミュニケーションが生まれるグリスロの運転を日々楽しんでいました。日常の足としてだけではなく、地域コミュニティの強化にも寄与する車となるのではと感じています。

⑷ 地域の方に愛着を持ってもらうために

　地域の方の足としてご利用いただくだけではなく、地域でグリスロに対して興味や愛着を持ってもらう取組みも並行して行っています。まず、地域の方に愛着を持ってもらうために、愛称を「とみおかーと」と名付けました。また、2019 年度実証実験では地域の方にドライバーを体験していただきました。地域ドライバーを体験された方の声として、多少後方が見えづらいなど、通常の車とは異なる面があるものの、急な斜面の走行も含め想像していたより運転がしやすく楽しいと感じていただけました。2020 年度実証実験では、産学連携の取組みとして、横浜国立大学 COI サテライトと車両のリ・デザインを行いました。車両を富岡の街にあわせてデザインするために、地域住民の方とワークショップを行い、車両を架装しました（3 頁参照）。

⑸ 富岡地区（郊外住宅地）での今後の展開

　富岡地区は鉄道、バス、タクシー等の公共交通をすべて当社グループ会社が担う、他地域にない特異な条件です。そのためにスムーズな実証実験が可能であった反面、今後事業化を見据えるにあたりバスやタクシーなど既存の交通を補完するものとして各事業との住み分けと協業が必要になります。また、本実証実験は当社も大学も行政も現在は持ち出しで行っています。公共交通の補完を行う事業では運賃収入だけで事業を成り立たせていくのは難しい状況があります。今後、どのように各ステークホルダーが事業を担っていくのかが課題になります。それらの可能性も検討しながら、事業化に向けて検討を進めています。

⑹ 観光地における新たな展開

　これまで当社は、郊外住宅街での移動支援を目的にグリスロの検討をしてきました。今後は郊外住宅地だけでなく、グリスロの強みを活かした異なる目的での活用も視野に入れていきます。きっかけは富岡地区での実証実験で、京急グループのタクシードライバーからの「横浜のみなとみらい地区や、関内・関外地区は、観光客が多くエリア内移動の需要があるため、小回りがきき、オープンなグリスロはマッチするのでは」という声でした。低速・低騒音のグリスロは、他の交通に比べ景色をゆったり楽しみながら移動することを可能にし、乗客同士やドライバーとのコミュニケーションが生まれやすいという利点があります。当社が本社を置く横浜も多くの観光客が訪れる観光都市であります。都市型観光グリスロとして発展させていくことも今後の展開の一つと考えています。

　当社は、今後もグリスロを活用し、地域交通課題の解決に取り組むとともに、グリスロを使い、ゆったり街中を移動することや、移動中のコミュニケーションを楽しむことなど、移動に体験を付加することで、地域資源の掘り起こしや魅力向上に努めていきたいと考えています。

グリスロで健康寿命も歌声もアップ

松戸市福祉長寿部参事監　**中沢　豊**
河原塚ことぶき会会長（河原塚南山自治会・シニアクラブ）　**堀田重信**

　地域に飛び出し、住民の方々と話してみると、大小様々な問題・課題を抱えています。小さなきっかけで、大きな波及効果が生まれることがあります。今回私たちが紹介する松戸市河原塚南山自治会の取組は、グリスロを移動手段だけに限定せず、「動くサロン」としてコミニケーションツール化し、地域が一体化する起爆剤となりました。

地域活動を続けるための「小さな移動」

中沢　ゴールデンウィーク明け、松戸市の東部地区にある河原塚南山自治会館で、ことぶき会（シニアクラブ）を中心に行われている南山カフェ（毎週木曜日の午後に行われている地域サロン）に、地域包括支援センターの紹介で松戸市と千葉大学予防医学センターの職員がフィールド調査の一環で訪問しました。この南山カフェには、人が集まり、人と人の繋がりを感じる…。都会なのに、どうしてか興味津々…。話を聞いてみると、この地域は、開発時期に同世代の方が入居し、自治会活動も盛んで、そのOBがことぶき会へと進展しているので、地域の仲間意識が強いのかもしれないと教えられ、この地域には、絆がまだあると改めて感心しました。しかし、加齢や地域の特徴である高低差などにより、徐々に地域活動に参加できない人が増えてきて、5年後、今ここに来ている人も参加できなくなるのではと不安を持っているそうです。改めて地域の状況を調べてみると、この地域には駅までの距離やスーパーへの買い物が少し不便であると気づき、移動販売などは来ているのかを確認しました。すると女性陣が、移動販売は便利かもしれないけど、商品の選択ができないし、遅れると無くなってしまうとの意見が出ていました。また、ことぶき会が中心となって活動しているグランドゴルフの練習場が少し遠く、自動車を利用しなくてはならず、不便を感じているとのことでした。

堀田 地域の仲間のことを考えると、今後の小さな移動について考えていかなければと思案していると、千葉大から最近環境に優しく高齢者でも操作しやすい「グリーンスローモビリティ」という乗り物が活用され始めていますと教えていただきましたが、口頭の紹介ではピンときませんでした。その直後、市からセミナーがあるので一緒に参加しないかとの誘いを受け、少しでも地域で役立つならという気持ちで参加してみました。実際に車両や活動状況を聞いてみると、我が地域にあると皆が喜ぶと実感し、帰り道、市と千葉大から感想を聞かれ、やってみたいとの本音が出てしまい、それでは3者で協力して国交省の実証調査に応募してみることになりました。応募に際しては、市が関係機関との調整、大学が健康に寄与するデータ収集とその費用の捻出、ことぶき会が運用管理で行うことになりました。

地域の協力

中沢 実際に調査期日が決まると、詳細な調整が必要となります。屋根付き車庫や電源設備は電気工事工業組合と隣家、電気代は自治会、ドライブレコーダーの設置は地域の自動車整備工場などの協力で目途が立ちました。次に、公道を走行するためのルートや停車所の決定には、少し苦労しました。ルート決定に際しては、自治会館を始点・終点として何度も地域と協議し、警察署の確認を繰り返し、右折は極力しない、生活道路を中心に走行し、交通渋滞を招かないように配慮しましたが、どうしても交通量が多い道路の横断に際し、警察から過去に事故発生地点であったため指摘があり、最終的に随時補助員による誘導を行うことで理解を得ました。また、停車所には折り返し地点となる目的地のスーパーなどで店長に相談すると駐車場へ誘導するために警備員を配置することや買い物カートの返却などの協力を得ました。あらゆる可能性を模索するため、パチンコ屋の駐車場、ドラッグストアの駐車場、民地の駐車場の無償貸与など地域を巡回することにより準備が進みました。

堀田 実証期間が目前に迫り、地域への周知が足りないと感じ、自治会や地域の人に理解していただくために、各世帯に資料を配布し、説明してほしいと市にお願いしました。特に、オープニングセレモニーには積極的に声掛けし

図1　100名以上が集まったオープ
　　　ニングセレモニー

図2　グリスロは買い物の足

て100名以上の人が訪れ、皆さんに乗車していただきました。利用に際しては、事前予約制で利用者の乗車時間や乗車場所、乗車人員がオーバーする場合は、臨時運行したり、その都度ドライバーの調整を行いました。実際に利用していただくと、手すりが冷たい、ラゲージから荷物が落ちそうなど様々な課題が生じましたが、その都度解決するように努めました（8頁参照）。特に、このグリスロの特性を活かしたものとして、ドライバーと利用者が一体化し、コミュニケーションが活性化できたらと思います。さらに、近所の音楽家の藤田さんがグリスロ賛歌を作詞・作曲してくださり、音楽を流しながら走行することで、「動くサロン」の様相を呈してきました。

運転者は地域の方々のボランティア

中沢　今回のスキームは無料・無償が前提で、許可・登録不要にしているため、ボランティアとして運転していただくしかありません。老若男女問わず、地域の高齢者、事業者や自治会を含め多くの方に協力を求め、実際に講習会に参加できた方は32人でしたが、ことぶき会の意向で、地域の方だけに運転していただきました。運転手さんにはお揃いのスタッフジャンパーを貸与し、参画意識を高めました。平均年齢74歳、実際に運転した人たちの感想は、左ハンドルで慣れない、ステアリングが重い、静かすぎて怖いなどでした。ドライバーさんも回数を重ねると、利用者の買い物している間を利用して散髪したりと上手に時間を使っていました。

地域の皆さんからの声

堀田 普段から見慣れた地域を改めてグリスロでゆっくり走ってみると「新しい家が増えた」「この道初めて通る」「子どもたちが手を振ってくれた」などの新鮮味を感じました。また、普段は重くて買えないお米を買ったり、「あの店のあれがおいしいのよ」とか、「今晩のおかずは何にする」などと情報交換したり、日常的に付き合いはあるものの買い物という目的が一致していると会話も変わります。さらに、ドライバーさんたちの心遣いで玄関まで荷物を運んであげると門から玄関までの間に植栽が邪魔をして歩きにくい個所を発見し、後日剪定してくれたりと、より地域の繋がりが深まり、声かけや見守りもできていたようです。特に、心に残ったのは、歩行に不自由がある方で家族の反対やらでなかなか乗車していただけなかった方が、グリスロに乗ってスーパーに行き、ご自身のペースでゆっくり買い物している間、同乗者はゆっくりイートインでお茶を飲んで見守りながら待つ様子を見ていたとき、これが本来の姿だと感じました。

グリスロが健康寿命の延伸に

中沢 実証調査は 4 週間という限られた期間であり、将来的にグリスロが地域に根差し、環境にやさしく公共交通の補完として役立つことを多くの人に理解してもらうために、挑戦的なチャレンジでした。このグリスロを活用することにより、単に移動手段ではなく、地域のソーシャル・キャピタルを活用し、自ら一丸となって取り組み、結果として社会参加を促進して健康寿命の延伸につなげられることを目指しました。GPS を活用した調査では行動範囲が 1.5 倍に広がり、小さな移動により、より広い範囲へと行動が広がっていました。この実証調査が、改めてグリスロを通して地域コミュニティが見直され、様々なイベントに活用したりと、日常的な移動のほかにも活用範囲が広く、地域の起爆剤が発見できたような気がします。

「グリスロ賛歌」が
できるまで

藤田史郎

　現在住んでいる河原塚南山の家は、亡父が 1970 年に建てたもので私は 8
年前に 40 年暮らしたドイツから帰国し、年老いた母の面倒を見るためにこ
この住人となったわけですが、帰って来てみたら（幸か不幸か？）お隣は自治
会館となっておりました（笑）。でも会館ができたおかげで住民同士の交流
の機会が増え自治会の活動も活発に行われております。そんなある日、こと
ぶき会の会長・堀田重信さんからシニアコーラスの指導を頼まれました。参
加希望者は大半がことぶき会のメンバーで、カラオケはうまいが楽譜は読め
ず、歌い回しにコブシがついてしまうという皆さんを発声練習から鍛え始め
何とか二部合唱ができるまでに持って行くことができ、毎年 11 月に開催さ
れる「南山文化祭」で成果を発表しております。

　昨年の文化祭の準備をしていた 10 月のある日、何やらお隣の会館の出入
りが激しいのに気がつきました。何だろうかと思っていたところ、ちょうど
会館から出て来られた堀田さんから「これ、グリスロの資料です。後で読ん
でおいてください」と封筒を渡されました。グリスロ？何だろうと思い資料
を開いてみたら、グリーンスローモビリティというゴルフカートのような乗
り物で、それを地域に普及させるための実証実験のプロジェクトであること
が分かりました。この南山は 70 年代に分譲地として開発されたのですが、

図1　シニアコーラスでの練習の様子

その当時家を建てた住民の高齢化が進み今やなかなか外出もままならない状況の中、このような"住民の足"の手助けになるようなものができたら、買い物や外出、住民同士の交流の機会も増えるのではないかとそのアイディアにすぐ賛同し、私なりに何か力になれることはないかと考えま

図2　101歳の誕生日記念にグリスロ乗車

した。ちょうどその頃コーラスで、文化祭用に「ともだち賛歌」というアメリカ民謡を練習していたところだったので「そうだ、『グリスロ賛歌』を作って、文化祭で歌えばより盛り上がるのではないか」と考え、即作詞に入りました。まず、グリスロとはどんなものかを把握するために松戸市からの資料を熟読し、歌詞に盛り込む要素をピックアップし、あとは雰囲気を各節に盛り込むことにしました。メロディーは第一に歌いやすいこと（特にうちのコーラスでもすぐ歌えるよう！）リズムは軽やかで歌っていて楽しいことなどに留意し、弾むような付点のついたリズム（楽譜参照）に決めました。そして最後に7小節のコーダをつけ「グリスロ、グリスロ、グリーン・スロー・モビリティー」と笑顔で歌い上げる形にしました。堀田さんから数日後に会館で関係者が集まってプロジェクトの「打ち入り」があると伺ったので1日半で仕上げました。その時は私が伴奏なしでお披露目しましたが、文化祭の時は住民の河原弘子さん（音楽教師）が素敵な前奏と伴奏・後奏をつけてくださり雰囲気はさらに盛り上がりました。余談ですが、実証実験終了間際のある晴れた日、半年前に100歳を迎えた母に「グリスロに乗ってみる？」と声をかけたところ、その気になってくれたのですぐ予約を入れ自宅前からの乗車となりました。折からの晴天に恵まれ久しぶりに南山の地域周遊に、「冥土への良いお土産になった」と喜んでおりました。降車時に安倍首相からいただいた表彰状を手にみなさんと記念写真を撮りました。その母ですが、今年7月蜂窩織炎で入院中の病院で101歳の誕生日を迎えることができました。めでたし、めでたし！　　　　　　　　　　　　　　※楽譜は200頁を参照ください

4. 集落の足

地域福祉のフィールドで出会ったグリスロ
──事業化までの2年間を振り返る

岡山県備前市総務部財政課　　榮　研二

福祉フィールドの私とグリスロとの出会い

　私が初めてグリスロを知ったのは、2018年5月、公共交通の研修会を備前市で開催したときでした。講師にお招きした名古屋大学の加藤博和教授が用意してくださったスライドの中に細い田舎道を水色のバスが走っている写真がありました。「これはグリーンスローモビリティと言って、時速20キロ未満で公道を走ることができる車両です。スピードはのろいですが車両がコンパクトなので細い道も入っていける。窓がないので乗客と地域の人がすれ違いざまあいさつだってできます。電気自動車なのでガソリンスタンドがない地域でも給油に困りません」

　当時、私は地域包括ケアシステムの柱である在宅医療の推進を任されていました。在宅医療といえば、ホームドクターを中心に医療・介護の専門職がチームを組んで患者さんの在宅ケアにあたります。私の部署は、地域の医療、介護、福祉の専門職の良好な関係づくりをお手伝いするため、関係者が一堂に会して一つのテーマを話し合う「カフェ」を頻繁に開催していました。高齢者の活動意欲や身体機能をうまく引き出して生活の質と満足度を上げるためにはどうすればよいか、医師、薬剤師、看護師、ケアマネージャー、介護福祉士など様々な職種が参加して

図1　研修会での名古屋大学の加藤博和教授

毎回熱心な議論が交わされました。そこで必ずと言っていいほど話題に上ったのが高齢者の「移動」に関わる問題です。「バスに乗りたいが停留所まで距離がある」「バスのステップが高くて乗れない」「経済的な余裕がなくてタクシーを使えない」「高齢者の自立を支援したくても、利用できる移動資源が乏しい…」さまざまな指摘が行政に向けられ、そのたびに私は目線を合わせぬよう下を向いていました。

　ある日、ネットで「地域のお困りごと、大学に相談してみませんか？」というチラシを見つけました。持続可能な地域づくりの障害となっている課題について、名古屋大学コンサルティングファームの大学教員と研究チームの皆さんが一緒に悩みながら解決策を探してくれるのだそうです。私が毎度指摘される移動資源の問題もここに相談したら解決策を導き出してくれるのではないか。そんな淡い期待を描いて名古屋まで出向いた私の「お困りごと」を聞いてくださったのが、この度の研修会で講師を務めてくださった加藤先生だったというわけです。公共交通の研修会を福祉の担当者が準備していると知って「なぜお前が公共交通のことをやっているのか」と言われたりもしましたが、研修会には市の職員だけでなく市内の交通事業者や社会福祉協議会など外部からの参加もあり、皆さんから質の高い研修だったとの評価をいただき、自分の決断は間違っていなかったことを実感しました。

実証調査から 2 年かけて本格導入へ

　研修会で弾みがつき学んだことを一つでも形にできないかと考えていたところ、国交省がグリスロの実証調査の候補地を公募していることを知り、福祉担当という立場でしたが迷わず応募しました。高齢者のドア・ツー・ドアの移動ニーズを地域住民が支えるという福祉の視点からの企画を提出し、幸運にも採択されました。事業採択から調査開始までは一月少々という短期間でしたが、道路管理の部署や通学路を所管する教育委員会のほか、警察署、中国運輸局などさまざまな関係機関の皆さんから協力、応援をいただきながら、安全に走行できるルートを設定することができました。

　この実証調査でグリスロの運行に協力してくれたのは、NPO 法人「スマ

イル・つるみ」でした。備前市の鶴海地区で墓掃除や草刈りなどの住民の身近な困りごとへの支援やワンコイン酒場などのユニークなコミュニティ活動を展開しています。実証調査は以下の要領で実施しました。

- 車両は7人乗りカート2台で運転はNPOの男性会員9人のシフト制。
- 特定のバス停と自宅をドア・ツー・ドアで結び、運行は前日までの電話予約によるオンデマンド方式とする。
- 午前9時台から午後1時台までに発着するバスの乗降希望者を対象とするが、予約が入っていない時間は地区内の商店やクリニックへの送迎も対応する。

　期間中は延べ110人が体験乗車しそのうち自宅とバス停の送迎に利用した人は延べ43名でした。利用が予想より伸びなかった原因として宣伝の不足が挙げられます。チラシを一度配布するくらいではなかなか浸透せず、またNPOに加入する会員しか利用できないという誤解もあったかもしれません。調査の終盤、国交省の担当者の方が視察に来られ、グリスロの常連客となった女性グループ、グリスロの運転手、そして市職員というまたとない取り合わせでグリスロ談議が開かれました。足の不自由な高齢の女性は「グリスロはスムースに乗り降りができ、みんなと一緒に行動ができるのがうれしい、ぜひ導入してほしい」と要望されました。

　2019年7月、グリスロの購入補助の申請が始まるとの情報を受けて改めてNPOに本格的な事業化の意向を確認しました。NPOから「自家用有償旅客運送を実現したいが、高額な運賃設定はできないことを考えると、車両は市から無償で貸与してほしい」と言われ、話し合いの結果事業化に向けて以下の点を申し合わせしました。

①車両の購入及び損害保険料を含む維持管理費は市の負担とし、NPOへ無償貸与する。
②NPOは、有償運送に必要な諸手続き及び運転の確保を行う。
③車両の購入補助が不採択となった場合は、事業化を見送る。

　2ヶ月後、補助事業が採択となった知らせが届くと事業化へ向けた動きが急に慌ただしくなりました。実証調査の反省からグリスロを地域の足として

図2　本格導入されたスマイル号の出発式

広く認めてもらうため、新たに区会（町内会）に事業への参加を求め、地域づくりの補助制度を活用してカーポートや充電設備を設置してもらいました。また、カーポートの設置場所は、NPO が土地の所有者に交渉して無償で借り受けることができました。

　あずき色のグリスロが鶴海地区の足に 2020 年 2 月、ついに 4 人乗りのカートが鶴海地区に納車されました。ボディーカラーの「あずき色」は幹線を走る市営バスと同じ色です（2 頁参照）。支線を担うグリスロも備前市の公共交通網を構成するメンバーだということを市民にアピールするため、バスと同じ色を選びました。備前市では支線区域の移動手段の選択肢としてグリスロを活用することを「備前市地域公共交通網形成計画」の中で明文化していて、この点は全国でも珍しいかもしれません。こうして備前市のグリスロは、2018 年の国交省の実証調査から 2 年がかりで自家用有償旅客運送という形で事業化することになりました。

　今振り返ると、備前市の移動手段が乏しいと言われ続けることが悔しくて何か形にして対抗したいと考えていた時、たまたま知ったグリスロにその望みを託してみようという稚拙な動機が始まりでした。それでも、実際にグリスロを通じて地域に関わっていく中で、何かわくわくするような雰囲気や新しい人と人との関係が生まれそうな予感がどんどん強くなっていきました。そして 2020 年 10 月 1 日、地域内の移動という大切な役割を担って鶴海のグリスロは走り始めました。ここに暮らしてよかった、一日でも長くここに暮らしたい、地域の皆さんの願いを支える暮らしのアイテムとしてグリスロが活躍してくれることを心から願っています。

狭い離島の道もすいすい　グリスロは初めての島の足

笠岡市政策部企画政策課　**高田直人**

　笠岡市は、岡山県南西部の瀬戸内海側に位置し、西は広島県に隣接しています。笠岡諸島は大小 30 ほどの島々からなり、有人島は 7 島あります。旅客船は 1 社 2 航路で国庫補助航路化していただいております。フェリーは 3 社で、本土と白石島と北木島の 2 島を結んでおり、残りの 5 島については車の輸送や燃油の輸送に苦慮しております。また、ガソリンスタンドは北木島にしかありません。観光資源は島と海と海産物、2019 年 5 月に笠岡諸島が日本遺産認定された、石の島の文化があります。そうした離島という環境で、この度、国交省のグリスロ実証調査を北木島と高島で行いました。

おばあたちにも子どもたちにも大人気

　北木島は石材業が盛んだった島で、古くは大坂城の石垣や靖国神社の石鳥居、三井本館、日本銀行などにも北木の石が使われています。現在も石を切り出している丁場もありますが、廃業した丁場跡は雨水がたまり、丁場湖となって、神秘的な景観を創り出し、新たな観光資源となっているところもあります。

　北木島ではグリスロを通じてたくさんの人とふれあうことができました。中でも、「こんな乗り物は乗ったことがない。死ぬまでに乗っておかないと後悔する」といって、亡くなったご主人との思い出が残る場所まで一緒に行った老婦人は、ご主人とののろけ話をたくさん聞かせてくれました。また、デイサービスに来

図1　笠岡市広報誌の表紙を飾るグリスロ

られている方に、長場（隣の集落）まで行くと言ったら、「足が悪いから何年
も行っていない。子どもの頃はしょっちゅう遊びに行っていたのに。冥土の
土産にぜひ乗りたい」と意気揚々と乗り込んでいただき、記念撮影をすると
満面の笑みを浮かべていました。そして、このおばあたちの満面の笑みは、
市の広報紙の表紙を飾ることとなりました。

　その他にも、島の敬老会での送迎に利用し、グリスロのおかげで初めて敬
老会に出席できた高齢者に感謝されました。低床で天井の高いグリスロは高
齢者が乗り降りするのにもってこいで、様々な場面で活躍できる可能性を秘
めた乗り物であると実感しました。グリスロは島の子どもたちにも大人気で、
グリスロの運行初日には小学校の校長先生の協力もあり、子どもたちに披露
することができ、校庭での試乗会は大盛況でした。また、敬老会に参加した
子どもたちは出番が終わると、何回も乗りたがってアトラクション的に新し
い乗り物を満喫しており、お年寄りから子どもまでグリスロの利用方法は
様々ですが、北木島では利用された方には満足していただけました。

やっと好きなものが好きなだけ買える

　高島は笠岡諸島の中でも、本土から最も近い島で主な産業は漁業と旅館業
で、観光漁業も盛んに行われており、底引き網の体験をした後、取れたての
魚を食べるといった観光メニューもあり、最近は口コミで評判を呼び、観光
客が増えています。かつては、花崗岩を切り出す事業者がいたようですが、
今は石材業はありません。また、神武東征のとき、神武天皇が滞在した島と
いわれており、ゆかりの遺跡もある神話の島です。この島は、島内にガソリ
ンスタンドがなく、燃油は全て本土から運んできています。そのため、島内
には自動車が少ないのが現状です。そうした中、島民の移動手段は徒歩、自
転車が中心となっています。また、島内に商店はなく、食料や生活必需品も
本土に頼っています。

　高齢化率の高い高島では、地縁団体による「婆ちゃるショップ」という取
組みが行われています。これは、共同購入と買物代行をあわせたようなサー
ビスです。島に居ながらにして、本土の商品が島の回漕店まで届き、住民は

回漕店で買い物をするという取組みです。この姿ちゃるショップでもグリスロは大活躍しました。自動車がない高島では、回漕店までは歩いて行き、買物をして、持って家まで帰りますが、重い荷物を運ぶのは大変です。グリスロを使えば、米であってもトイレットペーパーであっても持ち運びは苦労をしないので一度に買うことができます。歩きであれば、今回は米、次回はトイレットペーパー、その次は家庭菜園用の肥料というように、すぐに必要な場合でも先送りをしていたものが、グリスロであれば同時に好きなだけ買うことができるということで、利用者は大変喜んで買い込んでいたようでした。

島民の半世紀の悲願：島の縦貫道路がグリスロのおかげで開通

　高島では、グリスロが島民の長年の願いを叶えてくれることとなりました。高島は主に本土に近い島の北側に集落が広がっているのですが、島の南側にも小さい集落があります。北側の集落は海岸沿いに自動車が1台通れるほどの道が整備されており、数少ない自動車を用いて人を港まで運ぶことができます。しかし、南側の集落への道路は、道幅が広いところで1.5 mと自動車は通行できず、島の北側にある旅客船乗り場までは徒歩か2輪で移動するしかありません。高島の島民の願いはそんな島の南側の集落まで、自動車が通れる道を開通させることでした。しかし、用地交渉がまとまらず、半世紀以上実現できていませんでした。そんなところ、車幅が1.2 mほどのグリスロに期待がかかりましたが、最も狭いところで、1.1 mであり、通行ができず途方に暮れていました。とりあえず、車両を入れてみましたが、やはりそれ以上前に進むことはできません。そのときグリスロの様子を見た一番狭い箇所に隣接する地

図2　拡幅により島民悲願の島の南北道路を走るグリスロ

権者が、「グリスロが通る位の幅に広げるのなら土地を提供してもいいですよ」とおっしゃっていただき、道路の拡幅を行うことができるようになりました。これが、グリスロが島民の願いを叶えた瞬間でした。その後、工事は2020年8月に完了し、グリスロの到着を待つだけとなっていましたが、そのグリスロも2020年12月に導入され、今では島の南側のお年寄りが、デイサービスや旅客船を利用するためにグリスロでお出掛けをしています。

グリスロが車の通れない島の緊急車両に

　笠岡諸島の集落は、中世に形成された集落が多く、道幅が狭く、道路まで家がせり出しています。そのため、自動車が玄関の前まで入ることのできる家は多くなく、高齢化率70％を超える島の喫緊の課題は、病人をどれだけ早く港まで運び出すかということになります。そこで、グリスロなら狭い道を通って家の前まで行けるのではないかと考えました。

　時速19kmのグリスロが緊急車両にならないだろうという意見がありますが、自動車が入れない狭路や入れても時速10km程度のスピードしか出せないような道であれば、グリスロなら時速19kmで走行でき、人力や自動車で運ぶより早く安全に搬送することができるのです。実際、北木島で走行したら、思いのほか奥まで入ることができ、実証運行に協力いただいた消防団の腕利きドライバーは、最初はグリスロに懐疑的でしたが、その機動性を認めていただくことができました。ただし、「車体の長さを短く」「さらに車幅を狭く」「担架を乗せろ」など注文をいただきました。これらの御意見については、全て同意できるもので、担架を乗せて安全に傷病者を運ぶことができるグリスロがあれば、離島だけでなく、山間部など過疎化・高齢化の著しく、ガソリンスタンドが撤退したような地区だけでなく、通路が狭く自動車が進入できない場所において十分な能力を発揮できるのではないかと考えます。私たちは、グリスロを緊急車両としての可能性を見いだしましたが、まだまだ可能性を秘めた乗り物です。他にどんな活用方法があるのか楽しみです。

みんなで紡ぐ銀山グリスロ

大田市産業振興部観光振興課 　**松村和典**
レンタサイクル河村　代表　　　**河村政二**
（株）バイタルリード　　　　　**遠藤寛之**

　島根県大田市にある石見銀山は 2007 年に「石見銀山遺跡とその文化的景観」として世界遺産に登録され、一時期は年間 80 万人を超える観光客が来訪していました。当時は路線バスが走っていましたが、観光客の増加に対応するため増便したことで、安全性や騒音、排ガスが問題となりバスを廃止すると共に観光車両の自主規制も行いました。近年の観光客の減少を契機に、新たな移動支援策としてグリスロの実証事業が開始されました。住民の生活と誰もが楽しむことのできる観光地の共存を目指し、地域課題の解決に取り組む河村氏、松村氏、遠藤氏にグリスロとまちの未来について話を伺いました。

──**バス廃止後の移動手段は？**

遠藤　2008 年 9 月には、駐車場と龍源寺間歩（鉱石を採掘するための坑道のひとつ）までのバス運行が終わりましたよね。それから 10 年ぐらいは主な移動手段は徒歩とレンタサイクルだけという状態でした。

松村　市としては継続的に団体の観光客を確保していきたかったんですよ。でも、バスがなくなると、旅行会社からは「お客さんに歩いて行かせるような商品は作れません」と言われたこともありましたよ。

──**グリスロを導入しようとなった経緯は？**

河村　観光客が減ってきた町内で、「交通をなんとかしないと！」と言い始めたのは、商売をやっている人たちが中心だったと思います。多くの観光客は、駐車場に車を停めて、徒歩かレンタサイクルで龍源寺間歩まで行くと終わってしまう。間歩の反対方向には、古い町並みが残っていて、それがこの町の良いところであり、観光のポイントなのにね。この観光のスタイルには問題があるなと思っていました。

松村　昔と同様に全員対象というのは地元に認められなかったということも

左からレンタサイクル河村の河村さん、島根県大田市観光振興課の松村さん、㈱バイタルリードの遠藤さん

ありますが、観光を推進する立場としては、足腰が弱い方等にも来ていただけるように観光の裾野を広げたいという思いがあり始めました。

遠藤　これらの問題を解決していくために、2016年に社会実験の企画がスタートし、2017年に軽の電気自動車、2018年に4人乗りのグリスロと廃油を利用したミニバンを利用した実証実験を行いました。私は2018年からこの事業に携わっていますが、この地区に最適なモビリティを探していました。ちょうどグリスロが注目され始めたころで、国からも実験で使ってみないかとアドバイスがあり、実験で使うことになりました。

──これまでの社会実験を通じてご苦労された部分や導入後の印象は？

遠藤　私は当初、地域の事情をうまく把握できていない部分があったんですが、市や地域のみなさんと頻繁にやりとりする中で、慎重に進めていく必要があるということを認識しました。

松村　そうだよね。当初、地元に社会実験をやろうと話をしても、反対！反対！ってね。ただ、グリスロを走らせてから、地域がグリスロを受け入れてくれるまでの期間は、すごく早かったなと思います。それまでの実験でいろいろな車両を試しながら「軽の電気自動車はちょっと小さい」、「ミニバンだと道路が狭いこの地区にはやっぱり大きい」などを整理し、地域ともそれを共有してきたからこそだろうと思いますね。意図していたわけではないけど、結果的にすごくいい組み立てをしてきたなと。

河村　過去の経緯や地域の声を聞く限り、正直言って、社会実験を始めた頃

はグリスロを走らせるなんて無理だろうと思ってましたよ。それでも、この地域を何とかしたいという思いから、「走らすけえ、許してや」と、地域にごり押しした部分もあります。それは地域の一員である私だからこそできたのかもしれないね。それと、グリスロが車っぽくなく、地域も受け入れやすかったことがあったように思いますね。

松村　乗っていると、歩いている人が声かけたり、手を振ってくれますね。ああ、これは走っていても車だとだれも思わない、街のアトラクションなんだな…と思いました。「あーなんか来たわ」っていってから自分のところに来るまで時間かかって、「何あれ〜？」「いいな〜」みたいな。

遠藤　実は当初グリスロのメリットはいまいちよくわかってなかったんですが、社会実験を通して地域の人の感じ方にも変化が出てきたし、観光客の低速や大きさに対する安心感も見えて、すごくよかったと思いますね。

──今後のグリスロを含めて地域としてどのような展開をお考えでしょうか。

河村　地域の利用者からは、「銀行前や郵便局前で停まってもらえないか」「バス停以外でも自由に乗れんかいな」とかいう声が聞かれますね。

松村　早くその形にしたいですね。

遠藤　観光利用も、ここまで乗客が増えるという想定はできてなかったです。思った以上に閑散期でも乗るなという印象があって、「これ夏場えらいことになるで」と３人で話しましたよね。定期的に時間帯の見直しや便数を見直して、実験内容も変更させていますけど、グリスロ利用がある分、河村さんのレンタサイクルも厳しかったのでは？

河村　私も最初は乗客を自転車利用できない方に限定する形でグリスロ実験を了承していたんです。でもグリスロの利用状況を間近で見て、自転車とグリスロを共存させることでお客さんが移動の選択肢を持ち、町並みまで足を延ばしてくれるやり方が一番いいのだろうと思うようになりました。

松村　グリスロのおかげでここを訪れる観光客の幅も広がったと思う一方、理学療法士さんからは「グリスロで全ての方を救うのは無理」「無理ならどうやって救うのか考えた方がいい。住民や観光客等がちょっと手を差し伸べてくれる環境を作るというのも、それも一つの救う方法なんですよ」と言わ

れましたね。だから、そういう人たちに向けて、さらに他の手段も考えていく必要があると思ってます。

遠藤　たしかに、そうですね。「共存」という意味では、悪天候の時ですよね。雪の日は自転車だと無理ですが、グリスロは雪でも強いという実績はできました。電磁誘導線を町内に入れてもいいよという話になれば、自動運転も可能でしょうし、さらなる展開が期待できますね。

河村　ただ、今のままだと、実際に利益を上げていくのは厳しい。例えば町内に宅急便が入るのは大変だから、グリスロに乗っけて宅配ができないかなども考えています。

松村　いかにコストカットして、うまく走らせるか、路線バスを運行する石見交通との連携チケットとか、利用者をどうやって増やすかを考えないといけないですよね。

河村　グリスロや間歩、世界遺産センターなど、この地区の観光資源をすべて回れるような共通チケットをつくれるといいなと地域のみんなと話をしています。ガイドを受けながらグリスロに乗ることができるというのも面白い。儲かればその利益の何％かを町に還元し、そのお金で町を整備することにすれば、町の人の賛同もさらに得られるんじゃないかな。

松村　グリスロ一つだけをとらえて支援するということは難しいかもしれないが、この地区の観光全体を盛り上げていくために、みんなが支援するということは期待できると思います。できれば市内の他地区でも展開させたいですね。そのためにもここで成功させたいです。私は外側で理屈をまとめたりするんですけど、地域事情に詳しく、調整してくれる河村さんと専門的な知識があり、かつ地域に密着してくださる遠藤さんと３人でいいチームでできている気がしますね。みなさんがおられんかったらこの実験は絶対成功しませんでしたよ。

河村　グリスロ自体のイメージが良かったんで、最終的に色々あったけど受け入れられたんだと思いますよ。将来は銀山グリスロの上に石州瓦でも乗っけて運行しようかな。

一同　（笑）

（記：復建調査設計㈱　伊東賢治）

石見銀山でグリスロの安全性を確かめてみました

（株）バイタルリード　　遠藤寛之

グリスロは本当に Safety な乗り物なの？

　グリスロの5つの特長の1つに "Safety" があります。ただ、実はグリスロはどのくらい Safety なのか？ということがハッキリとデータでは示せていませんでした。そこで、石見銀山にある「歩行者と自転車だけが通れる道路」を使わせてもらい、観光客の皆様や地元住民の皆様のご協力をいただいて、図1に示す3種類の車両を使った2つの実験をしました（ミニバンはグリスロと同じ時速20 km 未満で走りました）。

実験①──どれくらい「危ない」と感じたかを比べてみた

　歩行者と自転車だけが通れる道路に、車両が入ってきたらどれだけ危ないと感じるでしょうか？　実際に走ってみました。

　石見銀山に観光に来られた方やお住まいの方に、走っている様子が「どれくらい危ないと感じましたか？」とアンケートしてみました。ちなみに、観光に来た方の中には「走っているのを見かけなかった」という方もおられたので、図2のように合成写真で比較できるようにもしました。

　でも、こうして改めて写真をみると、2つの車両の大きさがだいぶ違うのが良く分かりますね。念のために申し上げますが、一切誇張はしていません！

図1　実験で使った3種類の車両（左／グリスロ、中／ミニバン、右／ベロタクシー）

図2　アンケートで使った比較写真（左／グリスロ、右／ミニバン）

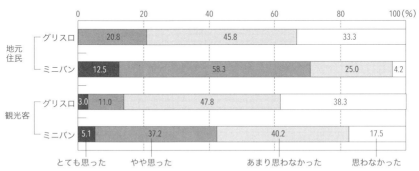

図3　危険だと思った割合（上：グリスロ、下：ミニバン）

　さて、肝心の「どれくらい『危ない』と感じたか」の結果が図3のグラフです。

　観光客の方も地元住民の方も、グリスロの方が、危険だと「とても思った」「やや思った」と回答した人の割合が少なく、安全だと感じた人が多くなりました。特に一番身近に感じておられた地元住民の方は、ミニバンとの評価が大きく違うことが分かりました。それだけ、グリスロが安全だと思っていただけたということですね。

比較実験②──どれくらい「避けた」かを比べてみた

　実験①からグリスロがなんとなく危なくなさそう、というイメージは持っていただけたかと思います。しかし、これはあくまで感覚的な結果なので、行動面でどうなったかもみてみましょう。

　交通安全を研究する人たちの間では「避ける」ことで安全性を測ることがあります。横断歩道を渡るとき、危ないと思ったら走ったり停まったりする

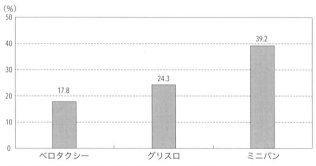

図4　歩行者・自転車が「避ける」行動をとる割合

のと同じです。この考え方を応用して、グリスロ、ミニバン、ベロタクシー（自転車タクシー）に設置したドライブレコーダーの映像から、歩行者や自転車がどれくらい「避ける」行動を取ったかを測ってみました。その結果が図4のグラフです。その結果、ベロタクシー、グリスロ、ミニバンの順に「避ける」行動を取った割合が増えていくことが分かりました。ベロタクシーは、グリスロよりもずっと小型で遅い（徒歩と同じぐらい）乗り物なので「避ける」行動を取った割合は低くなっていますが、ミニバンとグリスロで比較すると、その違いがハッキリ出ました。つまり、感覚だけではなく、行動の面からもグリスロが安全だということが分かりました。

結論：グリスロは Safety な乗り物でした

　グリスロって本当に Safety なの？――この疑問から始まった実験ですが、感覚的な面でも、行動の面でも、グリスロが Safety な乗り物だということが分かりました。

　実際、実験をしていた最中にも「あんまりクルマっぽくないから、そんなに怖さを感じないんだよね～」というお声をいただきました。そういうことからも、Safety さが裏付けられているのでしょうね！

※本実験は、国交省道路局の「道路に関する新たな取り組みの現地実証実験（社会実験）」により、実施されました。

参考文献
・遠藤・森山・松村・藤原・神田・鈴木「安全性に着目したグリーンスローモビリティの導入可能性の検討――島根県大田市・石見銀山大森地区を例として」第39回交通工学研究発表会、2019
・遠藤・森山・松村・藤原・神田・鈴木「島根県大田市・石見銀山大森地区における観光と市民生活の共同と歴史」第14回日本モビリティ・マネジメント会議

column

第5章　Q&Aでわかるグリーンスローモビリティ

復建調査設計（株）　**吉野大介**

　本章では、グリスロに関して皆様からお問い合わせが多い質問についてご紹介します。

Q1　グリスロを活用した事業化における運営形態とは？

　現時点では以下の3パターンが考えられます。

①バスまたはタクシー事業として運営する

　グリスロを路線バスや乗合タクシー、デマンド交通等の乗合事業で対価を受け取って活用する場合、事業者は道路運送法における一般乗合旅客自動車運送事業の許可を取得する必要があります。

　一方で、乗車定員10人以下の車両については、一般乗用旅客自動車運送事業の許可を取得して、タクシー事業として事業を運営することもできます。いずれも、運行に対する対価を受け取って運行することになるため、「緑ナンバー（事業用）」の車両を使用する必要があります。

②自家用有償旅客運送として運営する

　グリスロは、道路運送法第78条第2号で規定される「自家用有償旅客運送」の登録を行い運営することができます。自家用有償旅客運送では、協議に基づき、地域住民のみならず来訪者等を輸送対象とすることも認められています。また、グリスロの運送の対価に加えてガイド料を受け取ることも実費の範囲でできますし、過疎地域で必要な許可を受けることで少量の貨物の運搬もできます。なお、自家用有償旅客運送での運営を行う際には、地域公共交通会議または運営協議会において、事業の形態や運送の対価等について地域の関係者間の協議を整える必要があります。

③運送の対価を取らない形で運営する

　「道路運送法における許可または登録を要しない運送の態様について」（平成30年3月30日、自動車局旅客課長）で規定されている許可・登録を要しない運送の態様にグリスロを活用することができます。

Q2　運転免許と事前の運転者研修は？

　11〜16人乗りの車両は、大型免許もしくは中型免許（中型自動車8トン限定免許では運転できません）が必要です。10人以下の車両は、普通免許を持っていれば運転ができます。

　基本的に、グリスロは通常の車両と同様に、車両区分に応じた運転免許があれば運転できますが、通常のスピードの車や自転車、歩行者等と共存して、安全に道路を運行するために必要な知識や技術等、グリスロの特徴を踏まえた運行を行うことで、グリスロの良さは最大限引き出されると考えられます。そのため、運転者研修を事前に受講した方が運転手を担うことが求められます。

　具体的な研修の方法については、車両のサプライヤーに相談していただければと思いますが、テキストを用い講義形式で基礎知識を学ぶ「座学」と、指導員同乗のもとグリスロを実際に運行する「実技」の二本立てで行うやり方が多くの地域で行われています。座学では、車両ごとの特性・留意事項を踏まえつつ、基本構造と運転操作について学びます。実技では、敷地内でエンジン稼働や前進・後進、駐車動作等の基本的な操作方法について実践したのちに、公道での講習を行うことが一般的です。なお、Q1における「①バスまたはタクシー事業として運営する」場合は、第二種運転免許の保有が、「②自家用有償旅客運送として運営する」場合は、第二種運転免許の保有もしくは事

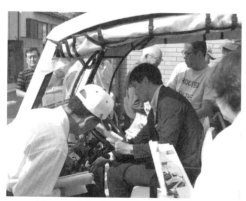

図1　事前の運転者講習（松戸市）

前に大臣認定講習を受講することが求められますので注意しましょう。

Q3　車両登録の流れは？

　グリスロの車両登録の流れは通常の車両と変わりません。適切に管理ができる場所で車庫を確保した上で、まずは所轄の警察署から車庫となる場所の「車庫証明」を発行してもらってください（車庫の選定における留意点は後述するQ9を参考にしてください）。その上で、車庫が立地する市町村を管轄する運輸支局・自動車検査登録事務所で車両の登録を行ってください。

　なお、車両は1台1台新規検査を受ける必要があるとともに、通常の車両と同様に自動車税等の納付や車検が必要となります。

Q4　車両の規格は？

　寸法や性能の違いは下表に示す通りです。現在グリスロとして活用されている自動車としては、乗車定員に応じて、4人乗りは軽自動車、7人乗りは小型自動車のナンバープレートが取得できます。10人乗り以上の車両については、車両の寸法等に応じて、小型自動車や普通自動車のナンバープレー

		ゴルフカートタイプ		低速電動バスタイプ
		（4人乗り）	（7人乗り）	
自動車の種別		軽自動車	小型自動車	普通自動車
車両寸法（cm）	全長	311〜315	396	441〜500
	全幅	121〜134	133	190〜200
	全高	175〜184	184	243〜245
	ステップの高さ	25〜30	26	27
性能等	最高速（km/h）	19	19	19
	登板（度）	20	20	12〜15
	乗車定員（人）	4	7	10
必要電源		AC100VまたはAC200V	AC200V	AC100VまたはAC200V

ゴルフカートタイプ（4人乗り）

ゴルフカートタイプ（7人乗り）

低速電動バスタイプ

表　グリスロとして活用される自動車の例

図2　グリスロは中心市街地でも（豊島区）

図3　グリスロが本領を発揮する道幅の狭い区間
　　　（笠岡市）

トが取得できます。

Q5　走行ルートの計画　向いている場所と向いていない場所は？

　グリスロは低速のため近距離移動を得意としています。交通量の多い幹線道路や遠方への移動での活用には向かないこともあります。このようなグリスロの特徴から、これまでは郊外住宅団地や中山間地域・離島などの地方部での導入が多い傾向にありますが、信号の多い中心市街地や複数車線の中心市街地など速度が必ずしも速くない道路であれば都心部での導入にも向いています。例えば、豊島区では池袋駅周辺でグリスロを運行していますが、バスをはじめとする車両との速度差が大きくないため、他の車両に与える影響は最小限にとどめられています。低速走行に加え、グリスロは同じ乗車定員の他のモビリティと比べて車幅が小さいという特徴もありますので、幅が狭くこれまでコミュニティバスや乗合タクシーの運行が難しかった道路や、すれ違いで渋滞してしまうような道路においても乗り入れができます。例えば、福山市では一般車両の乗り入れが難しい古い町並みが残る地域でグリスロを活用し、地域住民の方々から好評を得ています。グリスロを導入するにあたっての大きな懸念事項の1つは、他の自動車の方への影響ですが、運転者

研修の中で「後ろの車に道を譲るタイミング」も教えられますので、道を譲るための退避スペースがある等、ゆっくりのスピードでも他の交通に支障を来たさないようなルート設定がされていれば問題はありません。実際に、石川県輪島市や群馬県桐生市など長年グリスロの実証実験を行っている地域では、一般のドライバーの方からもグリスロが受け入れられています。

　ただし、ルート設定にあたっては、グリスロの利用者や他の交通の安全と円滑を確保するため、事前に管轄の警察署等へルート設定や安全対策等の説明を行い、交通安全上の情報提供や意見・助言を受けた上で実施してください。場合によっては、運行エリアを限定する、走行する道路を限定することで安全面を確保したり、渋滞を引き起こしやすい右折を避ける運行ルートを設定したりするなどの工夫が必要になります。

　また、特に観光目的での導入を検討される場合、景色や町並みを見ようとすると、速いスピードでは景色が流れてしまい目に留まりにくいですが、グリスロでゆっくり走れば町の景色の認識度が格段に向上します。観光客の方にじっくりと見ていただきたい地域の資源を地図上に落としこみ、ルートを検討するような工夫があると望ましいです。

Q6　気象条件は？

　グリスロは窓や扉がないタイプの車両でも、透明なシート（エンクロージャー）を下げることで雨、風、雪を避けることができます。寒い冬の日でも、シートを下げ、冬用タイヤを装着し運行している地域もあります。夏の暑い日も風を感じられるので暑すぎることもありません。ただし、雷には弱いので注意が必要です。一方で、通常の公共交通機関と同様に、利用者の方の安全性に十分配慮することも重要です。例えば、気象警報が発令されたら運休する等、地域でそれぞれルールを定めて、運転手・利用

図4　ルールを決めて利用者の方々に周知（大田市）

者の皆さんが安全・安心に使うことができるような工夫をしてみてください。

Q7　安全性は？

　最高速度が 20 km 未満に制限されているため、高齢者をはじめどなたにも運転しやすく、交通事故が生じるリスクは低いと考えます。一方で、保安基準が一部免除されることから、車両単体の安全性は一般車両よりも低く、低速走行でもあることから、交通量の多い道路の通行は避けるなど、走行環境に十分配慮する必要があります。

図5　雪の寒い日でも暖かく運行（輪島市）

　なお、保安基準の一部免除により、シートベルトやチャイルドシートの設置が不要ですが、地域での要望に応じて設置することももちろん可能です。例えば、京急富岡団地の事例では、高低差が大きい団地内を走行するに当たり、シートベルトの設置を求める声が地域から寄せら

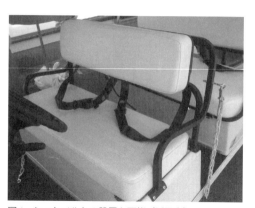

図6　シートベルトの設置も可能（延岡市）

れたため、メーカーの協力のもとシートベルトを設置しています。

Q8　運行にあたって必要となる設備は？

　グリスロは電気自動車ですので、充電設備が必要となります。車庫に充電設備を設置し、駐車中に充電できるような環境を整えることが多いです。必要となる電源はメーカー・車両によって異なりますが、AC 100 V または AC 200 V で充電ができます。家庭用コンセントがそのまま活用できる場合もありますが、電気工事等が必要な場合もありますので、導入しようとして

いる車両のサプライヤーにご相談ください。また、グリスロの特徴の理解促進を図り、特に安全上の観点から後続車に対し低速走行車であることを訴求するパネルを車体に設置することをお願いしています。その他、運転者の安全運転意識向上や万が一の事故に備え、ドライブレコーダーを設置することも有効です。

Q9　車両の管理方法は？

　車両の保管場所は、車両の底を擦らないよう入出庫時の段差が小さい場所を選ぶことが望ましいです。窓がなくオープンな車両ですので屋根などにより雨風がしのげる場所であるとさらに良いでしょう。併せて、防犯にも配慮し人の目が届きやすい場所に設置することもポイントになります。

Q10　航続距離は？　充電に必要な時間は？

　1回の充電でどのタイプも30 km以上走ることができます。1回の充電には、5〜9時間程度必要ですが、航続距離・充電時間は車両によって異なりますので、詳しくは導入する車両のメーカーに問い合わせてください。なお、平地を少人数で走行する場合と比べると、勾配が急な区間を走る場合や乗車人数が多い場合は運転に係る車両への負担が大きくなるため、バッテリーの消耗が激しくなる傾向にあります。ルートやダイヤを設定する際には、航続距離や充電に必要な時間に気を付けましょう。

図7　充電の様子（福山市）

コラム 5　宮本町・菱町の実証実験に携わって

株式会社桐生再生　**大橋　司**

　本コラムは、2018年度に1年間桐生市宮本町・菱町でグリスロを使った公共交通の実証実験が行われ、そのグリスロドライバーとして1年間従事された大橋司氏が、実証実験が終了した時に執筆された手記を抜粋したものです。

　運転手として、このバスに乗車してもらっている間は有意義な時間にしてもらおうというのが自分の信念でした。最初のうちは顔と名前を覚えることで精一杯でしたが慣れてくるにつれてその人の家族構成、バスの利用目的などを知ることができました。こういったことは無駄なことに思えますが、後々に限定された地域の交通という意味では重要なことになっていきました。また、高齢者の方によっては夕方にならないと若い人が帰ってこない。基本的にテレビと対話するような生活が寂しいなど、運転手や乗り合わせた人と話をすること自体を楽しんでいる方もいらっしゃいました。

　地域の見守りについては、大きく分けて三つのことに重点を置いていました。一つ目は住民の健康状態の把握です。一人で生活している高齢者、夕方まで同居している若い人が帰らない高齢者などが多いので、利用者本人の持病やケガなどを、同じ地域に住む住人がバスの中で情報共有することで、乗車してくる時間にこないなどいつもの生活パターンとの違和感を覚えるという方法です。もちろん運転手も町の一員として、乗車してこなければ「○○さんは？」と質問をしてみる場合もありました。慣れてくると「今日○○さんは出かけているよ」と返答があり、またその出かけているという情報をみんなで共有することができました。低速のバスであるため出発も急がないという特徴からできた習慣のようなものでしょうか。

　二点目は犯罪の抑制。当時振り込め詐欺などが多発しており、高齢者が被害にあうことが非常に多かったので注意をしていました。低速の見渡せるバスを運行していると、1年経つ頃には利用者以外の住人の方も顔がわかるよ

うになり「あの人はみたことがないけど何の人だろうね？」と車内で会話の中に入れておくことで、注意喚起とまではいきませんが印象づけておいたこともあります。また、今日は銀行にいかなきゃという時は「振り込め詐欺じゃないよね？」と確認のように語っておくことで、高齢者を狙った犯罪の抑制につとめていました。

　三点目は利用者の行先です。高齢者の方が乗車してくる時は、車内の中で「今日は駅で降りてからどこにいくのか？」という行先に関する質問を必ずしていました。その返答を乗り合わせた町会の人達が聞き「○○さんは今日どこにいく」という情報を共有します。降車した後は、高齢者の１人歩きなので、万が一何かが起きた時に利用者の方がどこに行くといっていたという情報は大事でした。同じ方向に行く人が途中まで付き添ってくれたり、町会そのものの親睦にもつながったと思います。

　スローモビリティというおかげもあって、みなさん乗車も降車も急ぎませんでした。手押し車で歩いていたおばあちゃんには、乗車していた男性陣が率先して外に一旦降りて、荷物と手押し車を先に乗せて、おばあちゃんを乗車させたり、もちろん誰もいない時は運転手もお手伝いさせていただきました。そこで５分の遅れが出たとしても、利用者の方々は「どうせ遅い車だから構わないよ」と笑いあえるような関係性がありました。

　また、高齢者の方は用事が終わっても、バスの時間に歩く速度で間に合わない場合がありました。「○○さん、あそこにいったはずなのにまだ帰ってこない」といった場合、「あと５分待ってみていいですか？」と利用者さんに尋ねても嫌な顔することもなく、みんなで会話をして、結果的に高齢者の方が間にあったケースなどもありました。スローモビリティはスローライフを生み出す。高齢者の速度にあった運行ができたと思います。

　今でも印象的に覚えているのは、とあるおばあちゃんのセリフです。「自分たちの『町』に『バス』が走ってくれたことが一番うれしい」

　桐生市の一つの町会なのですが、そこには小さな「町」があり、そこに普通車でありながら「バス」の形をして、運行時間もきちんと決まっていて、そこにいけばみんなが集まるバス停がある。そんな生活がそのおばあちゃんには夢だったのかもしれません。

　もちろん小さな町にも新しい住人はやってくることもあります。大家さん

column

と新しい住人の方が、一緒に乗って来た時、この人はうちのアパートに新しく入ってきた人だよと大家さんが紹介すると、すぐに打ち解けて町の住人になれる。対面シートの効果だと思います。

　運転手として、また運行をしている時はその町の一部として、地域交通の実証実験としてやってきました。ここまでくると介護福祉の分野になってしまうのではないか？など様々な考えをしましたが、介護のそれとは明らかに違ったと思います。利用客数の多かった宮本町と菱町一色地区に関して、共通して言えることは、そこに確かに「町」があったということです。世帯数は決して多くないながらも、親の代から住んでいる、亡くなった旦那との思い出がそこにある。みんな様々な思い入れが自分の故郷にあったのだと思います。自分の力で、その場所に住んでいたいという高齢者の方々の手助けとして、運転手としてできることをやったのではないかと思います。自己の採算性など、そういったことを考えるのであれば、きっと現在のデジタルな方法で、いち早く自動運転などを投入して、素早く目的地にまで送り届け周回をこなす。きっとこれが正解だと思います。ただ自分は全く真逆のことを体感してきました。きっとそこには利益を出すという言葉はないですが、スローに走り、夏は暑くて冬は寒い。けどそんなアナログだからこそ、町の人達は運転手が暑いかなと、お茶を買ってきてくれたり、季節を肌で感じ、町の人達と笑いながら運行をしてきました。ただの交通ではない人としての在り方を学んだような気がします。適材適所で、きっと最新の交通ではないと受け入れられない場所もあると思いますが、「自分の町にバスが来た」と言ってくれる地域は少なくないと思います。

宮本町実証実験の様子（前列左端が筆者）

コラム 6

なぜグリスロでは話をしてしまうのか
～グリスロとパーソナルスペース～

群馬大学次世代モビリティ社会実装研究センター副センター長　　天谷賢児

グリスロの一つである低速電動バスは、車内のシートが対面式のベンチシートになっています。この車内では乗り合わせた人が、顔見知りでなくてもすぐに会話が始まります。このバスに乗ったことがある方で、同じ経験をされた方も多いのではないでしょうか。電車や普通の路線バスではこういったことは起こらないように思います。この会話が生まれ

図1　低速電動バスの対面シート[2]

やすいのはなぜなのか？という疑問をいつも持っていました。

いろいろと調べてみると、人と人の距離に関して人が感じる感覚を調べる研究分野があることがわかりました。特に、米国の文化人類学者であるE.T.Hall によるパーソナルスペース（対人距離）の研究が有名なこともわかりました。筆者の専門は機械工学で、当然こういう概念は知りませんでしたが、この概念が低速電動バスの中で会話が生まれやすい謎を解いてくれるかもしれないと思い、さらに調べてゆくと様々な分野にたくさんの研究があることがわかってきました。

特に参考になったのは、建築分野の一連の研究です。例えば、橋本ら[1]は会話の尺度として、話をするには「遠すぎる」から「近すぎる」を5段階に分けて、会話が可能な距離を求めています。そこで、これまで低速電動バスを一緒に研究してきたメンバーが集まって、パーソナルスペースの概念を使って、乗客がどの程度会話しやすい距離にいるのかを調べることにしました[2]。メンバーには社会科学分野の研究者もいて、解析方法も決まりました。もちろん過去の研究と、実際の車内では環境が異なります。しかし大雑把な傾向を求めることはできるだろうと考えました。

まず、図2のように、これまでの研究を参考に会話可能な距離を決めました。そして、実際の低速電動バスの対面シートに乗客が等間隔で座ったとし

column

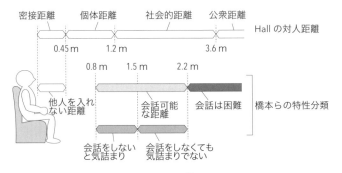

図2　Hall の対人距離と会話可能な距離 [2)]

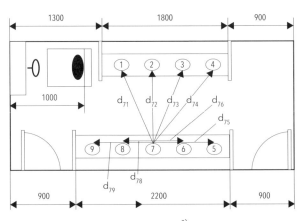

図3　低速電動バス内の座席と距離の定義 [2)]

て、各乗客間の距離を求めてみました。図3は乗客が9人の場合の位置関係です。実際の運行では乗客数も乗客が座る位置も様々に変化します。そこで、例えば乗客が6人の場合は、シートに座る6ヶ所の位置をランダムに決めて、その時に一人の人から見て会話可能な距離に入っている人の人数を求めました。そのうえで、このような試行を1000回行い、会話可能な人数の平均を求めました。その結果を、乗客数に対してプロットしたものが図4です。この結果からわかるように、例えば、6人の乗車の場合は約4人と会話ができると計算されます。これはあくまでシミュレーション結果でしかありませんが、実際に乗車したときの感覚とある程度一致しているように思います。

車内での会話のしやすさに関してアンケート調査も行いました[2]。設問として「普通の路線バスに比べて、この低速バスは車内での会話がしやすいと思いますか？」として、「話しやすい」「同じ」「話しづらい」を選択肢としました。アンケートの結果は図5のようになりました。桐生市内でのデータはいずれも70％以上の人が「話しやすい」と答えています。足利市のデータは乗車時間6分程度の短いコースでしたので、「話しやすい」と感じた方は50％弱でした。しかし短い時間内でも半数近くの方が「話しやすい」と考えてくれたとも言えます。こういった検証はまだ始まったばかりです。様々な分野の知識を活かして、より詳細な検証が今後進むことを期待したいと思います。

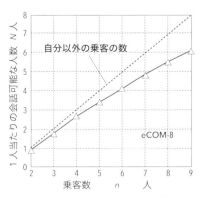

図4　低速バス内の会話可能な人数[2]

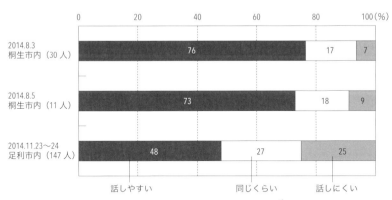

図5　低速電動バス内の会話のしやすさに関するアンケート結果[2]

参考文献
1) 橋本ほか「実験による対人距離からみた心理的領域の平面方向の拡がりに関する考察」『日本建築学会計画系論文集』Vol. 485, pp. 135–142,（1996）
2) 小竹ほか「安全安心なモビリティとして開発された低速電動バスによるコミュニケーション空間の創出に向けた一考察」『社会安全とプライバシー』Vol. 3, No.1, pp.1–14,（2019）

コラム 7 グリスロ先生たちの チーム座談会

復建調査設計（株）　**川上佐知・岩原　徹**

　グリスロは、乗車定員 10 人以下であれば、普通免許証のみで運転できる手軽なモビリティです。しかし、グリスロ最大の特徴である「slow」という特徴は、使い方次第で良くも悪くも様々な効果をもたらします。よって、グリスロを運行する際は、ドライバー自身があらかじめ車両の

図1　グリスロ先生チーム座談会の様子

特徴を十分理解し、その特徴をうまく活かすような運行・運転をすることが大切です。

　そのため国交省や環境省では、グリスロの導入に際し、ドライバーを担うすべての人々を対象とした安全講習の実施を推奨しています。講習では、グリスロの車両特性を体系的に学ぶとともに、実際にインストラクターと公道を走り、低速走行ならではのヒヤリ・ハットポイントをインストラクターと確認します。

　グリスロの導入が進む各地で安全講習を行う 4 人のグリスロ先生たち。"先生" と呼ばれることにちょっと照れる彼らが、安全講習とグリスロについて熱く語り合いました。

──安全講習でよく聞かれることは？

天野　安全講習で、初めて乗った人が「こりゃいい！」と言ってくれると嬉しくなるよね。「そうじゃろ〜」って、少し誇らしくも思えて（笑）。でも、中には、運行中、後ろばかりを気にしてる人もいる。「渋滞したらどうするんですか？」って、よく聞かれるんよ。

中原　僕らも今でこそ図太くなったけど（笑）、始めは怖かったよ。

永瀬　後続車も初めてグリスロを見ると「なんでこの車遅いの？」と思うんでしょうね。

column

坂口　だから、車両の後ろに
は"低速走行"を伝えるステ
ッカーの掲示が絶対重要だと
思う。でも実際のところ、後
続車が続いた時にどう指導し
てる？

図2　安全講習のようす（笠岡市）

中原　僕は「先ず、焦らず、
そのまま堂々と走行を続ける
ように」と言う。後ろが気に
なる人は、逆に前方や側方不注意になりがち。後続車が来たからと慌てて左
に寄せても、後ろからくる自転車やバイクを巻き込みかねない。だから、後
続車が近づいてきても先ずは慌てず、安全に退避できるところで横付けする
よう指導している。

天野　僕は安全講習の前に、必ずルート上の危険箇所と退避箇所を確認する。
路肩が広い箇所でも交差点付近だったり、対向車から見通しの悪い坂道だっ
たり、慣れている道でもグリスロ目線で事前確認しておくことがすごく大切
なんよ。運行開始後でもヒヤリハット情報の共有は必須だね。

永瀬　子供が乗る場合の乗車定員についても、よく聞かれますよ。一般的に
は子供 1.5 人で大人 1 人でしたよね。

坂口　一般的にはそのとおりやけど、カートタイプは、助手席だとちょっと
手を伸ばせば、カギやシフトスイッチに手が届いてしまうねん。だから、で
きるだけ小さい子供は一人で 1 列目に乗せないよう指導している。

中原　子供は嬉しくて車から手や顔を出してしまいがちなんよね。だから、
子供も大人と同じように数えて大人より子供の乗車数が多くなることの無い
ように指導してる。2、3 列目に子供が座るときも大人の間に座るようにとか。

天野　そうそう。運転中、ドライバーは後ろの様子がわからない。だから信
号で停車した時とか、たまに声をかけて様子を確認することも大切だと言っ
てる。

──グリスロと地域の相性は？

中原　瀬戸内の離島で講習をした時、おばあちゃんが最初グリスロに乗るこ
とを恥ずかしがってさ。「私はいいわ」ってね。でも、1 度乗れば急変して

「運転したい！」って言ってた（笑）。そういうことない？

天野　山間の集落で住民ボランティアを対象に講習をしたとき、年配の男性たちがすごく運転を楽しがってくれたんよ。カートタイプはアクセルを放したらすぐにパーキングブレーキがかかって、アクセルを踏むとまた動き出す。これってすごく単純で高齢者にはわかりやすい乗り物なんよね。

中原　そうそう。急スピードも出ないし、すぐに停まれるから安心。運転してると自然と会話も弾むし、ドライバーも楽しそうよね。

永瀬　僕は石見銀山で講習した数ヶ月後、普通に乗客としてその地域に行っ

中原正晴さん
岡山在住。島のおじちゃん、おばちゃんたちの人気者。質問にはなんでも答える頼もしい先生。

坂口　昇さん
大阪在住。グリスロで子供も若者も高齢者も皆が安心・快適に。一緒に考えてくれる優しい先生。

天野　力さん
広島在住。安全講習前は運行ルートを厳しくチェック。グリスロ先生たちの頼れるリーダー。

永瀬紘樹さん
松江在住。グリスロを活用してバリアフリータウンを作りたい。グリスロの未来を語る熱い先生。

図3　座談会に参加されたグリスロ先生の皆さん

図4　安全講習のようす（大田市）

てみたら、僕の安全講習を受講してくれたドライバーが地域の観光ガイドしながら運転してるんですよ。グリスロでお客さんに楽しんでもらうためいろいろ工夫しながら運行してくれてるのを見て嬉しかったですね。

坂口　グリスロを導入する地域が増えてるけど、僕はやっぱり団地との相性はいいと思うわ。大阪のまわりも団地の高齢化が進んでるから、そういうところはピッタリなんよ。団地で人と物を一緒に運ぶことがあってもいいと思うんよね。弁当を届けるとか。可能性はまだまだあるよ。

天野　確かにでかい昔の団地は、今の団地と違って道路が狭いところも多いし、傾斜もあるし、グリスロがいいと思うよ。街中と郊外の行き来は公共交通で、郊外の団地の中はグリスロでラストワンマイル…そういう棲み分けができれば、まだまだグリスロは拡がるよ。

永瀬　石見銀山では、環境保全の点から普通車両の進入を規制してるんですけど、実証実験でグリスロの走行だけを可能にしたら、好評だし、客層も広がったらしいんですよ。実際、あの雰囲気でグリスロに乗って文句を言うお客さんはいないですよね。「こんなもん遅いわ」なんて言う人も中にいるけど、乗った後は大体の人が「意外と早い」とか「気持ちよかった」って言ってますよね。

中原　やっぱり島もええよ。離島。公共交通がない島も多いから、そういうところにグリスロを入れて住民同士で高齢者の移動支援をするとか。この前行った島では、島の道は狭すぎて救急車両も入れなかったけど、グリスロなら通

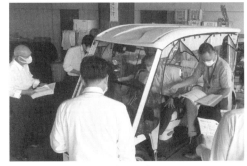

図5　安全講習のようす（尾道市）

れる道も増えるからグリスロを緊急車両代わりに使うって言ってたわ。

坂口　それだけいろんな可能性があるんよね。だからいろんな地域がグリス
ロに興味を持つし、話題にものぼる。今走っている地域も注目度が高くてあ
れこれ聞かれると、ついつい話が弾む。相談されると、いろんな事例を紹介
したくなる。僕も、長年仕事では営業を担当していて、あまりこういう経験
はなかったな。

中原　それもグリスロ効果の一つやな（笑）。

第3部

グリーンスローモビリティが拓く新時代

フェリーもグリスロをお出迎え

第6章　グリーンスローモビリティの時代

大阪大学大学院工学研究科地球総合工学専攻教授　**土井健司**

　昨今の超高齢化社会や低炭素社会の進展に伴い、都市における移動の質を高める上では、人口集積の高い拠点間を高速に結ぶ「ファストモビリティ（fast mobility）」と、拠点内やまちなかでの低速移動を支える「スローモビリティ（slow mobility）」との階層的なネットワークの構築が重要となっています。スローモビリティに関するこれまでの我が国の対応は自転車の走行環境の改善にとどまっています。こうした環境下では高齢者が実際に選択できる自立的な移動手段は限られているため、運転に不安を覚えながらも自動車からの脱却が難しい高齢者が多いと考えられます。特に、公共交通サービスの希薄な地方都市においては、徒歩・自転車・自動車という従来の移動手段（選択肢）のみでは、今後の超高齢社会の移動の質を維持することは困難になると予想されます。このような状況の中、グリーンスローモビリティの登場は時代の必然と言えます。本章では、今後の社会の動きと照らし合わせて、グリスロをどのように位置づけ、活用し発展させるべきかについての考えを示したいと思います。

移動ニーズの変化

　我々の調査によれば、人々の移動の価値観の変化は、図1のように描かれます。具体的内容はパナソニックのウェブページ（https://www.panasonic.com/jp/corporate/technology-design/ud/ikiiki/index 06 1.html）を参照ください。日本では人口減少時代を迎え、これから生活空間と都市機能をコンパクトに集約した複数の拠点間を公共交通で結ぶコネクティド・コンパクトシティ化が進んでいくと考えられます。こうしたまちづくりが進んでいけば、

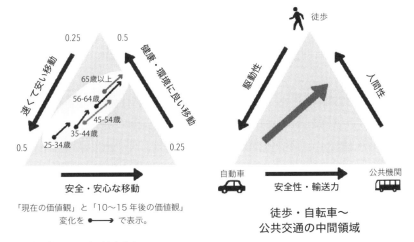

図1 移動・交通ニーズの将来動向

クルマによる長距離の速い移動は必要がなくなり、クルマを使う場合も短距離を中・低速で移動することが求められます。また、超高齢化に伴って通勤・通学人口が減るわけですから、郊外から都心まで長距離を速く移動する必要がなくなり、短い距離帯を、急がず、安全かつ確実に移動できれば良しとする方向へと、移動のニーズが大きく変化していくでしょう。

　実際に、都市部に住んでいる人たちが移動に際して何を重視するかを調査したところ、高齢になるほど「安全・安心」や「健康・環境」を重視していることがわかったのです。図1においては、現在の価値観から10～15年後の価値観への変化を矢印で示しています。左側のグラフの内側では、若者、壮年、高齢者と年代に分けて色分けをしています。現在はすでに多様性の時代であり、今後の価値観はますます多様化していくと言われていますが、我々の実施した調査では移動に関する価値観変化の方向は決して多様ではなく、共通した明確な変化が現れるとの結果を得ています。左の二角形のグラフは、右に行くほど「安全・安心」のニーズが高まる、上に行くほど「健康・環境」へのニーズが高まる、左下に行くとこれまでの我々の代表的な価値観「速くて安い移動」へのニーズが高まることを表現しています。この調査結果を見ると、世代間の違いはありますが、概ね今後右上の方向に、つま

り「健康・環境」を志向し、かつ「安全・安心」な移動へとニーズがシフトすることが明確に見て取れます。

　これを交通手段と照らし合わせたものが右の三角グラフです。図中の右上がりの矢印の方向、すなわち自動車に依存した領域から人間性を重視し公共性を含んだ領域へと我々の価値観は収束していくのではないかと考えられます。徒歩・自転車と公共交通の中間にある領域、これこそがグリスロの領域です。

今後の交通体系の姿

　以上の移動の価値観変化を前提に、今後の移動及び交通体系のあり方を整理したものが図2の右図です。これまでの交通体系の基本的な発想は、速い交通手段から組み立てていくものでした。高速道路、幹線道路から補助幹線、区画道路、あるいは新幹線から在来鉄道、バス路線のように、速いものから遅いものへと組み立てられています。しかし、今後の価値観を考えるのであれば、我々はまずは歩くという行為を中心に置き、徒歩を支援する多様な交通手段が配置されなければなりません。さらに、徒歩と既存の交通手段

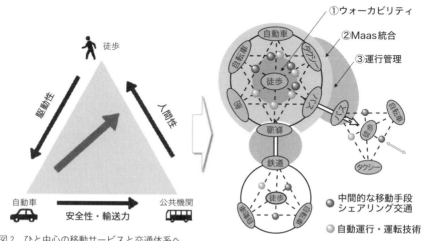

図2　ひと中心の移動サービスと交通体系へ

の間に、この中間的な移動手段やシェアリング型な交通手段または自動運転技術が芽生えていると考えられます。今後のまちづくりを考えると、歩きやすさ（ウォーカビリティ）の改善、今話題のMaaSという移動を一つのサービスと捉える統合政策、そして公共交通の安全の運行管理などが移動のニーズの柱となってくると考えられます。

深まる「観光・回遊・手間を楽しむ移動」へのニーズ

移動には2つの類型があります。我々の移動や交通へのニーズは、多くの場合は通勤・通学・通院・買い物などの活動に付随したものです。これは「派生的移動」と呼ばれます。これに対して移動自体の価値を備えた「本源的移動」と呼ばれるものがあります。前者の場合は、人々は機能的に動き、寄り道をせずにまっすぐ移動することが多くでしょう。後者の場合は、まっすぐ行ったんじゃ面白くないから今日は回り道してみよう、ブラブラしてみようなどの移動もあり得ます。また、速度に注目すれば、移動には速い移動もあれば遅い移動もあります。

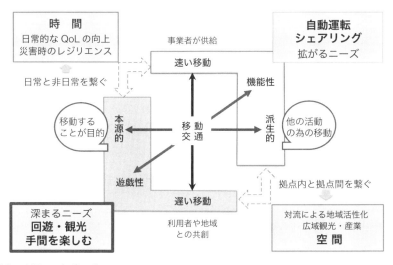

図3　移動・交通へのトポロジー

従来の交通手段と照らし合わせてみると、図3の右上の方向、すなわち速くて機能的で派生的な需要をさばく手段を供給することがこれまでの交通政策の主要課題であったわけです。その課題に応えるべく、我々は速さや効率性を求める交通体系を構築してきました。現在では、さらに効率性が追及され、自動運転やシェアリングの技術・システムが広がりつつあります。しかし、移動の速さや効率性を徹底した結果として、逆に素通りされる地域や、通過交通が増えるだけの地域も散見されるようになってきました。こうした課題に対応するためには、我々は、スローな移動、移動すること自体に価値を持たせた移動に優位性を持たせるべきと考えるわけです。これは図3左下の「回遊・観光・手間を楽しむ交通」であり、このニーズを各々の地域の文脈にそって深めていくことが模索されるようになりました。

移動・交通とは時空間体験

　速い移動から遅い移動の間にはつながりがありますが、図3の左下の部分を切り出したものが図4になります。いったい、このスローで本源的、遊戯的な移動には、どのような社会的なニーズがあるのでしょうか。

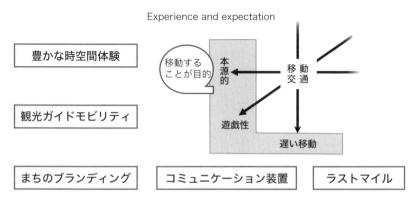

図4　グリーンスローモビリティへの期待

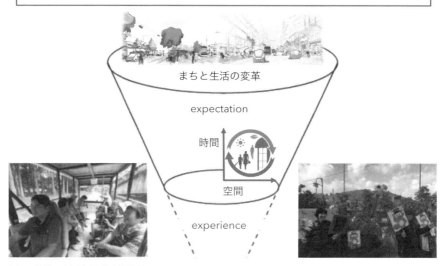

図5 移動・交通とは時空間体験

　私は5つのニーズがあると考えています。まず1つ目は、いわゆる「ラストマイル」へのニーズです。家からバス停までの最後の100〜200 mを、ゆっくりで良いから安全に確実に移動したい、というものです。2つ目は、車両の中、あるいは車両とその外の地域の方との「コミュニケーション装置」としての機能へのニーズです。3つ目は、池袋のIKEBUSのような「まちのブランディング」へのニーズ、4つ目は観光ガイドとしての役割を担う「観光モビリティサービス」のニーズ、そして最後に、「豊かな時空間体験」へのニーズがあります。5つ目のニーズは、「移動は時間の"消費"ではなく"体験"なんだ」といった価値観変化を伴います。車両内や車両内外のコミュニケーションを楽しみながら、移動中の時間と空間を過ごす。こうすることによって新しいまちと生活への期待が生まれ、それがまちと生活の変革につながっていくと考えます。グリスロによってもたらされる移動中の「豊かな時空間の体験」が、まちづくりへの新たな期待を生むわけです。グリスロは、まさにこれらの5つのニーズを実現するモビリティと言えるでしょう。

価値合理的で感情豊かな交通

　我々のクルマ依存の車社会はなぜ止まらないのでしょうか。ウェーバーが示した「社会的行為の動機」に基けば、図6のように、我々の行為は目的合理的行為、価値合理的行為、感情的行為、慣習的行為の4つの行為に分けられると考えられます。まずは、慣習的行為。これは一度クルマの便利さにはまると、そこから抜け出せずに盲目的にクルマ依存の生活になるといったものです。感情的行為とは、クルママニアや鉄道ファンなどの個人的な好みや拘りを反映した行為です。もう一つの合理的行為には、目的合理的行為と価値合理的行為の2つがあります。この両者に関連して、早稲田大学大学院アジア太平洋研究科の西川教授の言葉をお借りすると「近代科学においては「目的合理性」（＝手段の合理性）のみが追及され、全体の合理性に関わる「価値合理性」が、軽視・無視されることにつながり、地球環境問題を初めとした問題を引き起こすことになった」と指摘されています。過度に目的合理的な行為は、むしろ環境には良くないことを意味しています。目的合理性と価値合理性の違いは、視野の違いや時間スケールの違いなどにも起因しており、両者の境界は明確ではありませんが、持続可能な社会の実現に向けて我々は健康・環境・安全と言った価値を重視し価値合理的な取組みを進めていく必要があります。交通分野においても、現在および将来世代の価値観

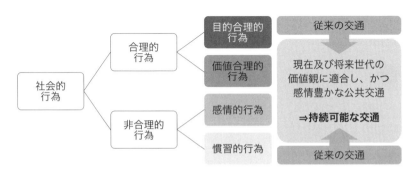

図6　ウェーバーの社会的行為の動機

に適合した価値合理性の高い移動・交通体系への転換が望まれます。車両内および車両内外でのコミュニケーションを通じて感情豊かな体験を楽しむことも重要です。そして、これらはグリスロが掘り起こす新しい可能性と言えます。

移動の選択肢がまちづくりの選択肢に

　図7は、モビリティのイノベーションの状況を図式化したものです。今日では、円の一番下に位置付けた自動運転化やMaaSによる移動の統合化が進められています。一方で、例えば大阪では御堂筋の街路空間の一部の歩行者空間化、居心地の良い空間としての再生などの検討が進められています。このような技術・システム、インフラ・空間、さらには社会・文化的な要素を新たな発想で結合させることにより、初めて革新・創造的なまちづくりが可能となり、まちと交通の共発展の結果として、我々は、生活の豊かさ、幸福度を高めることができると考えます。

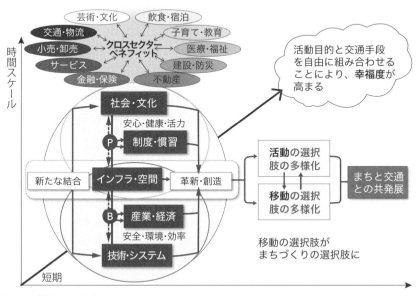

図7　モビリティのイノベーション

近年、生活機会の多様化が求められる傾向にありますが、移動については、これまであまり選択肢を求めてこなかったように思います。移動の選択肢を多様化することで、初めて活動の選択肢も多様になり、まちづくりの選択肢が確保されるわけです。活動目的と移動・交通手段の自由な組み合わせが、幸福度の重要な尺度になると考えられます。

グリスロがクロスセクターの「つなぎ」を担う

　また、グリスロを核として、いろんなセクターがお互いにウィン・ウィンな関係を作っていくことができます。子育てや教育、飲食、芸術、文化、医療や福祉、こうしたものがつながっていく。この「つなぎ」を行うのがグリスロの役割ではないかと考えられます。しかし、従来型の交通運営、すなわち行政、交通事業者、住民の関係性だけでは、「つなぎ手」はうまく育ちません。

　近年、この課題を克服する新しい仕組みとして、図8のようハニカム（ハチの巣の形）型の「エコシステム」が重視されています。政策的観点、市場的観点、そしてユーザー目線からの新たな連携・共生関係の構築を狙うものです。

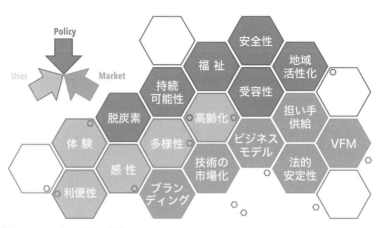

図8　グリスロ・エコシステムの構築

今後ますます多様な移動手段が求められるようになります。まず、超高齢社会への対応が不可欠です。パリ協定、低炭素／脱炭素、持続可能な社会、福祉、新しい技術の重要性の模索、安全性、地域活性化などの政策課題があります。そして、市場的観点からはブランディングにつながり、ビジネスモデルを生み出し、ドライバーなどの担い手不足を上手に克服できることが重要です。こういった視点を上手に組み合わせて初めて、グリスロの「市場化」が見通せます。その端緒はすでにグリスロとして、第4章の地域で紹介されている通りです。

グリスロの市場性

我々は上手に新しい移動・交通手段としてのグリスロを育てるために、利用者の様々なニーズを掬いながら、また、パリ協定のような国際的な環境政策目標、そして本書で紹介した新しい事業性をすり合わせながら、ローカルな文脈とグローバルな文脈を合わせていく必要があります。小型、開放的かつ公共性の高い電気駆動のグリスロを、ラストマイルモビリティ、乗合型モビリティ、コミュニケーション装置、回遊・観光装置、ホスピタリティ装置、ブランディングのための装置、そして豊かな時空間体験をもたらす装置とし

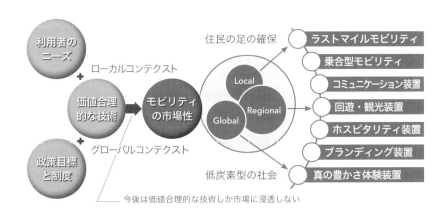

図9 グリスロの更なる展開

て、様々な場面で活用し、ローカルな足の確保からグローバルな政策目標の達成につなげていくことが望まれます。

　そして、これを社会的に訴えていくためには客観的または共感の得られる評価の仕組みが必要ですが、グリスロに対する評価制度はまだ定まっていません。ここでは、小豆島の事例を紹介したいと思いますが、小豆島ではバス交通ネットワークの再編を進めるにあたり、住民に対する緻密なニーズ調査を実施することに加えて、再編後の地域社会へのインパクトの評価を試みました。公共交通を対象とした社会的インパクト評価の取組みは、日本ではこれが初めての例となりました。

　この評価においては、従来の費用対効果という尺度ではなくて、表1に示すように住民の自立性、自信、外出能力、健康状態、生活への適応力、社交性、他者とのつながりの変化に注目しています。CO_2 排出量の削減や自動車利用の削減は「自然環境との対話」という項目に含まれます。こうした定性的ながらも生活実感を重視した項目を尺度化して、住民との対話に用いたものです。その一つの結果が図10です。新しいバスサービスを利用することで、利用している人と利用していない人との間には「自分で外出したい」気持ちや「自分で外出できる」という自信に有意な差が見られています。これらは人々の自己効力感の高まりを映し出しています。

成　果	評価指標
① 地域施設へのアクセス	地域施設へのアクセス 自立性・自信 外出能力
② 身体的・精神的健康	健康状態 生活満足度 生活への適応力
③ 家族・友人関係	自身の社交性 他者との繋がり 孤独感の低減
④ 市民権と地域社会	地域の一員である気持ち 地域活動への意欲
⑤ 自然環境との対話	CO_2 排出量 (kg／トリップ数) 自動車利用の削減 エコカーの普及割合

表　社会的インパクトの評価項目の例

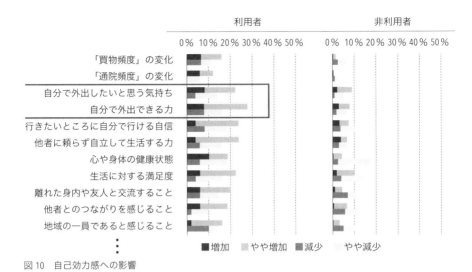

図 10　自己効力感への影響

　様々な地域で既存の公共交通を再生しながら、その延長にグリスロをつなげていくことによって、おそらく表のより多くの項目の改善が図られるのではないかと期待されます。グリスロは、単体ではそれほど持続可能な移動手段とは言えないかもしれません。徒歩を中心とした新しい交通体系の中に上手に盛り込んでこそ、初めて持続可能であり社会的な貢献ができる移動手段になりうると確信しています。COVID–19 のグローバルな感染がもたらしたニューノーマルとは、我々の移動や生活の自由度に大きな制限が課せられる常態であり、新たな規範です。これを快適で持続可能な社会へと導くためには、地域に根ざした創意工夫により人々の自己効力感や幸福感を高めるためのもう一つの新しい規範「ニューローカル」の発想が重要となります。グリスロは、ニューローカルを育む社会装置としての可能性を秘めています。

参考文献
・土井「超高齢社会の安全・安心な移動のあり方」『Panasonic　いきいきライフデザインマガジン』
・土井・紀伊・佐々木「高齢者の外出とまちなかの回遊性を促進するためのスローモビリティとコモビリティに関する研究」『国際交通安全学会誌』Vol36. No.3、2012 年
・西川潤（早稲田大学大学院アジア太平洋研究科教授）「特集：東アジアに公共空間を〜人々の『アジア共同体』を考える〜東アジアの平和と公共空間市民社会の持つ可能性」

コラム 8 グリスロの持続可能な事業運営ってどうするんですか？

復建調査設計株式会社　川上佐知・竹隈史明

　グリスロを公共交通として導入する場合、サービスを継続的に提供していくには、その「持続可能性」も重要な論点の一つです。特に地方部の公共交通は、路線バスをはじめ、コミュニティバスや乗合タクシー等においても多くの公的負担等を必要としており、乗合事業単独では持続可能な事業運営が難しい状況です。

　そうした中、グリスロは、少量短距離輸送に適しており、路線バスや乗合タクシー等と比較すると輸送効率は低く、事業運営はさらに厳しいものと考えられます。一方で、グリスロだからこその使い方やそれによる付加価値が創出でき、これらをうまく捉えることで、持続可能な事業運営を考える上でのポイントを次に整理します。

I　多様な移動ニーズ・潜在需要の掘り起こし

　何ごとも需要がなければ事業は成立しません。グリスロの場合、他の交通モードに比べサービス領域は狭いため、限られたエリアの中で一定の需要（移動ニーズ）を継続的に獲得しつづけることが、持続可能な事業運営のカギとなります。

　ただし、公共交通に対して顕在化している需要への対応といった観点では、従来の公共交通と同様、持続可能な事業運営の確保は難しいと考えます。

　グリスロは地域コミュニティに密着したモビリティサービスであり、地域の商店や病院・診療所、地域活動等と連携し、移動を誘発もしくは調整する

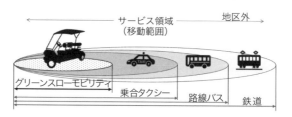

図1　グリスロのサービス領域

工夫を行うことで、潜在需要の掘り起こしが重要です。

2　運行に係る収入と支出

　グリスロの運行には、車両の購入費や保守・点検費、保険代、人件費、電気代といった運行管理費に加え、運行事業者の安全性や利便性を高める上で付加的に発生する経費が必要となります。

　一方、旅客運送に対する対価、いわゆる運賃は道路運送法の定めにより、地元の合意形成のもとで決定することができます。ただ、グリスロは地域のラストワンマイルとして、自家用有償旅客運送による導入を目指す地域が多く、この場合、運送の対価は基本的に燃料費その他の費用を勘案した実費の範囲内とされています。そのため、地域の商店や病院、宿泊施設などと連携し、広告費や協賛金として運賃外収入を確保していくことも重要です。その他、収入を上げる方法として、運賃と施設入場券等を組み合わせた地域内でのサブスクリプションや貨客混載などの工夫も考えられます。

　グリスロは、移動手段の確保といった交通課題の解決のみでなく、地域経済や福祉、観光、環境など他のまちづくり分野にも波及し、クロスセクターベネフィットをもたらしますので、その効果を地域で共有していくことが事業を継続していく上で重要です。

3　地域の需要に応じた適切な運行形態の選択

　通常の公共交通では、不特定多数の利用者が1つの車両に一緒に乗る形態、すなわち「乗合」事業で運行されていますが、観光地における特定の利用者の輸送やイベント等での活用にあたっては、「貸切」事業や通常のタクシーとしての運用も考えられます。

　貸切事業による観光ガイドツアー等であれば、ガイド料を収受することが可能となり、ある一定の収入の確保が見込めます。ただし、ツアー等の実施にあたっては、旅行業の資格が必要となることに留意が必要です。

　その他、離島においてはレンタカー事業として活用している事例もあり、地域の需要に応じた適切な運行形態を選択することで、持続可能な事業運営が可能となります。

グリスロ賛歌

作詞・作曲：藤田史郎
2019. 10. 30

♩=120 はずんで楽しく

1. われらの　グリスロ　エコカーァ　トト
2. ちいきの　ねざした　エコカーァ　トト
3. われらの　グリスロ　エコカーァ　トト

しちにん　のーリの　モビリティだ　ーね
しわれらので　がいしゅっ　ふえまし
おかげで

スピイドは　ゆっくり　あんぜんもき　うんてんがーらで
たします　きょーはな　かことぶき　かーい
ドはす　げん　き　もの

おきゃくは　み〜んな　かおなじか　みなす
あなたは　どこまで　ゆくのおかげで
こーれも　グリスロの

グリスロ　グリスロ　グリーン　スロー　モビ　リティイー

一、我らのグリスロ・エコカート
七人乗りのモビリティー
スピードゆっくり安全運転
お客はみんな顔なじみ

二、地域に根ざしたエコカート
我らのグリスロ便利だね
私は今日は買物がてら
あなたはどこまで行くのかな

三、我らのグリスロエコカート
お陰で外出ふえました
着々元気なことぶき会です
これもグリスロのお陰です

グリスロ・グリスロ
グリーン・スロー
モビリティ〜

※著作権はありませんので、歌詞も自由にアレンジしてご使用ください

おわりに

　私はもうグリスロの担当者ではないのですが、今もグリスロの魅力に取りつかれています。今でも「これが求めていた理想のモビリティです。お話を聞いてワクワクしました！」や「自分の地域で具体的に走っているイメージがパッと浮かびました」と仰ってくださるとその度にあの和束町で感じた胸の高鳴りを思い出し、私のグリスロ愛が一段と深まるのです。

　グリスロの歌、グリスロのロゴ、グリスロの横断幕、グリスロのラッピング、グリスロのユニフォーム、グリスロの座布団。この本で紹介できたことはごく一部ですが、地域の方がグリスロのために自発的にしてくださっていることは本当にたくさんあります。ただ走るだけでなく、こうやって多くの地域で可愛がってもらえるモビリティになっていることが私には嬉しくそして驚きで、そういう地域の方のグリスロへの愛やグリスロが作り出す世界観が伝わる本を作れたらなと思っていたところ、今回多くの方のお力を得ることができ、夢を実現することができました。

　本書の制作には大変多くの方にご協力をいただきました。今回執筆くださった 17 地域の皆様、大学の先生の皆様、写真では 20 の地域からご提供をいただきました。3 台ものグリスロ車両を購入される等会社としてグリスロに心血を注いでくださっている復建調査設計（株）とグリスロの立ち上げを導き今も推進してくださっている（公財）エコモ財団には非常に多くのご尽力をいただきました。そして本書の出版を了解いただき様々なご指導をくださった（株）学芸出版社の岩崎さんにも大変お世話になりました。この場をお借りして関わってくださったすべての方々に深くお礼を申し上げます。

　2020 年は自分の意志で自由に移動できる尊さ、幸せな人生において移動はかけがえのない基本的な要素だと改めて気が付かされた一年でした。年齢と共に移動が難しくなる方が日本社会には増えています。グリスロがどんな年齢の人でも自由で幸せな一日一日を過ごせる力となる——この本がそのような地域が増える一助になれば幸いです。

2021 年 5 月　三重野真代

著者紹介

三重野真代 （みえの まよ）
東京大学公共政策大学院交通・観光政策研究ユニット特任准教授。大分県出身。京都大学経済学部卒業。ロンドン・スクール・オブ・エコノミクス（LSE）都市政策学修士。2003年国土交通省に入省し、公共交通、観光、地域政策担当を経て、2014年京都市産業観光局観光MICE推進室MICE戦略推進担当部長、2017年国土交通省総合政策局環境政策課課長補佐、2019年復興庁企画官を歴任。2021年より現職。

熊井　大 （くまい まさる）
公益財団法人交通エコロジー・モビリティ財団交通環境対策部調査役。1975年生まれ。横浜国立大学で交通工学を学ぶ。博士（環境学）（東京大学）。株式会社日本総合研究所、国土交通省、三井住友銀行などを経て現職。専門は運輸部門の地球温暖化対策と地域交通。著書に『地球温暖化で伸びるビジネス』（東洋経済新報社）。

坂下利久 （さかした としひさ）
1956年7月生まれ。輪島市役所に就職し企画部門等を経験。2016年に輪島商工会議所へ出向。WA-MO推進等に携わる。

天谷賢児 （あまがい けんじ）
1992年東北大学大学院修了後群馬大学に着任、2008年同大学教授、専門は熱流体力学、次世代モビリティ社会実装研究センター副センター長兼任、低速電動バスの社会実装研究にも関わる。

清水宏康 （しみず ひろやす）
1969年高崎経済大学卒業後桐生信用金庫入庫、退職後2013年に㈱桐生再生を設立し、低速電動バスを活用した街づくり事業を進めている。

髙橋沙織 （たかはし さおり）
元株式会社日本総合研究所リサーチ・コンサルティング部門マネジャー。米国ワシントンD.C. アメリカン大学大学院卒（社会学修士号）。KPMGマネジメントコンサルティングを経て日本総研入社。専門はより持続可能な社会の構築に向けた仕組みやサステナブルファイナンス。

桒原陽介 （くわはら ようすけ）
民間企業（建設コンサルタント）から郷里の福山市役所に転職し、地方公務員として道路整備や地域交通等のまちづくりに携わる。

山田康文 （やまだ やすふみ）
広島県福山市出身。進栄経理専門学校を卒業後、

宮園タクシー㈱を経てアサヒタクシー㈱に入社。2015年7月代表取締役に就任する。

田中晶子 （たなか あきこ）
広島県広島市出身。山口大学卒業後、復建調査設計㈱に入社。国立環境研究所での気候変動影響の調査・研究に携わり、現在に至る。

川上佐知 （かわかみ さち）
兵庫県姫路市出身。大阪大学大学院修了後、復建調査設計㈱に入社。コンサルタントとして各地を巡りつつ共創型の新たなまちづくりに取り組む。

遠藤重由 （えんどう しげよし）
2010年、民間企業経験者として沼津市役所に入庁。農林農地課、政策企画課を経て現在のまちづくり政策課に配属され、交通政策を担当して3年。公共交通の奥深さを噛みしめる。

鈴木祐太 （すずき ゆうた）
福島県いわき市出身。2006年いわき市入庁。商工労政策、都市計画課、創生推進課等を経て、2021年4月よりスマート社会推進課に配属。

平谷祐宏 （ひらたに ゆうこう）
広島県尾道市（岩子島）出身。山口大学卒業後、中学校教諭を経て、2003年尾道市教育長に就任。2007年より尾道市長に就任し、現在4期目。

稲田吉弘 （いなだ よしひろ）
広島県尾道市瀬戸田町出身。名城大学卒業後、尾道市役所に入庁。地域振興などまちづくりに携わりながら、現在は公共交通を担当している。

藤田章弘 （ふじた あきひろ）
岡山県倉敷市出身。鳥取大学大学院修了後、復建調査設計㈱に入社。都市計画・地域づくり計画を中心として各地のまちづくりに取り組んでいる。

池袋耕人 （いけぶくろ やすと）
宮崎県宮崎市出身。宮崎大学卒業後、宮崎市役所に入庁。税・福祉・財政・国保部門を経て、中心市街地活性化を担当。

高野之夫 （たかの ゆきお）
東京都豊島区出身、立教大学卒業、豊島区議、都議を経て1999年より豊島区長、現在に至る。

原島克典 （はらしま かつのり）
埼玉県出身、日本大学卒業後豊島区入所、2016年より交通基盤担当課長、2019年より土木担当

202

部長として交通政策に携わり現在に至る。

吉野大介（よしの だいすけ）
島根県津和野町出身、復建調査設計㈱入社後、主に地域公共交通の計画・運用に関する業務に従事。現在、広島大学大学院特任助教を兼務。

町野美香（まちの みか）
2012年4月から一般社団法人でんき宇奈月事務局長、2017年6月から専務理事。株式会社りとる代表取締役。

寺下 満（てらした みつる）
大分工業高等学校を卒業後、三菱電機、ダイハツ工業を経てT－PLAN株式会社を創業。現在、代表取締役社長を務める。

岩本雅之（いわもと まさゆき）
島根県松江市出身。東北福祉大学卒業後、（社福）みずうみに入社。日常生活の課題解決のため、地域福祉のまちづくりに取り組む。

陶山慎治（すやま しんじ）
高齢者福祉を展開する社会福祉法人理事長。地域の支え合いで外出支援事業に取り組んでいる。

新町敬策（しんまち けいさく）
1991年より㈱URコミュニティ（2013年12月に財団法人住宅管理協会から組織変更）に勤務。

西 利也（にし としや）
株式会社モビリティワークス代表取締役、株式会社ZipSystem代表取締役、総務省地域力創造アドバイザー。

菊田知展（きくた ちひろ）
京浜急行電鉄㈱入社後、流通事業、不動産賃貸事業等を担当し、現在は生活事業創造本部開発統括部で横浜、横須賀、三浦の街づくりを担当。

中沢 豊（なかざわ ゆたか）
1988年松戸市入職。ソーシャル・キャピタルを活用した産学官のコレクティブ・インパクトを実現し、地域を主役とする活動を推進。

堀田重信（ほりた しげのぶ）
2012年から河原塚ことぶき会会長を務めるとともに、子どもから高齢者までの居場所づくりのボランティア活動を実施。

藤田史郎（ふじた しろう）
東京都出身、東京芸術大学音楽学部器楽科卒。ドイツ滞在40年。現在は音楽関係のドイツ語通訳

の傍、地域活動をサポート。

榮 研二（さかえ けんじ）
岡山県瀬戸内市出身。広島大学で水産を専攻。備前市役所入庁後は農政、介護保険、議会事務局などを経て2019年度から現職。

髙田直人（たかた なおと）
岡山県笠岡市出身。岡山大学卒業後、岡山県笠岡市役所入庁。2018年4月より企画政策課に配属。

松村和典（まつむら かずのり）
島根県大田市出身。花園大学卒業後、大田市役所に入庁。2017年度に観光振興課へ配属となり、現在5年目。

河村政二（かわむら せいじ）
世界遺産石見銀山出身。1990年石見銀山と共に生きる決意で東京よりUターン。

遠藤寛之（えんどう ひろゆき）
東京都品川区出身。横浜国立大学大学院修了後、国土交通省勤務を経て、㈱バイタルリードに入社。公共交通を中心とした計画づくりや社会実装に取り組む。

伊東賢治（いとう けんじ）
長崎県長崎市出身。学生時代はフィールドを通してまちづくりを学び、復建調査設計㈱に入社。地域計画・都市計画を専門とし、自治体のまちづくり業務を担当。

大橋 司（おおはし つかさ）
2014年に地域活性化の事業に関わりたいということから㈱桐生再生に入社、古民家の活用や低速電動バスの運行等を担当している。

岩原 徹（いわはら とおる）
広島県福山市出身。武蔵工業大学卒業後、復建調査設計㈱に入社。道路・交通計画を専門とし、交通を軸にした新たなまちづくりに取り組む。

土井健司（どい けんじ）
名古屋大学大学院工学研究科博士課程修了後、同大学助手、東京工業大学助教授などを経て、2012年より大阪大学教授。人と地域に寄り添うモビリティコンセプト・デザインを専門とする。

竹隈史明（たけくま ふみあき）
熊本県熊本市出身。熊本大学大学院修了。2006年に復建調査設計㈱へ入社。公共交通や新モビリティなど交通計画の視点から九州を中心に各種まちづくりに従事。

グリーンスローモビリティ
小さな低速電動車が公共交通と地域を変える

2021年5月20日　第1版第1刷発行
2021年7月10日　第1版第2刷発行

編 著 者　三重野真代　交通エコロジー・モビリティ財団

発 行 者　前田裕資

発 行 所　株式会社 学芸出版社
　　　　　〒600-8216　京都市下京区木津屋橋通西洞院東入
　　　　　電話 075-343-0811
　　　　　http://www.gakugei-pub.jp/
　　　　　E-mail info@gakugei-pub.jp

編集担当　岩崎健一郎

DTP　KOTO DESIGN Inc.　山本剛史・萩野克美
装 丁　Iyo Yamaura
印 刷　イチダ写真製版
製 本　新生製本